# LA PROCHAINE FOIS QUE TU MORDRAS LA POUSSIÈRE

Panayotis Pascot est comédien, scénariste et humoriste. Après deux ans au *Petit Journal* puis à *Quotidien* sur TMC, il se lance dans un seul en scène intitulé *Presque*, désormais disponible sur Netflix, dont il clôt la tournée à succès en 2022 à l'Olympia et à l'opéra Garnier. Il a pu être aperçu au cinéma, entre autres, dans *De Grâce* et *Le Roi Soleil*, de Vincent Cardona, *Enterrement de vie de garçon*, qu'il a coécrit et coréalisé pour Canal+, ou encore *Les enfants sont rois*, de Sébastien Marnier. Il remonte sur scène à partir de fin 2024 avec son deuxième spectacle, *Entre les deux*, partout en France et dans la francophonie.

PANAYOTIS PASCOT

# *La prochaine fois que tu mordras la poussière*

STOCK

ISBN 978-2-253-90782-4 – 1re publication LGF

Je crois qu'il va bientôt mourir. Il me l'a dit douze fois : Tu sais je vais bientôt mourir, mais je ne le croyais pas. Parce qu'il aime créer du frisson, il aime ajouter à son charisme avec des annonces dramatiques. Sauf que je l'ai vu s'essouffler de plus en plus vite, j'ai vu son regard se perdre souvent dans le vide, pas en mode réflexion, en mode bilan. Je l'ai vu faire demi-tour affolé car il avait oublié de prendre les médicaments. Je l'ai vu nous presser pour qu'on signe une sorte de trust d'héritage pour la maison de campagne. Je l'ai vu parler de moins en moins au futur. Sauf qu'il ne sait pas parler au présent et ne pense – officiellement – jamais au passé. Je l'ai donc surtout vu arrêter de parler, arrêter de donner son avis. Cet avis qui l'opposait à tous, toujours, comme un combat qu'il aimait rejouer à chaque dîner de famille. Je crois qu'il se parle beaucoup à lui-même en ce moment et je crois que ça lui fait du bien. Je l'ai vu passer du temps à expérimenter en cuisine. Plus seulement faire de la bouffe pour faire de la bouffe. Prendre un vrai plaisir à mettre un bout de son âme dans un plat et prendre du plaisir à regarder sa famille se foutre ce bout d'âme dans le gosier. Je le vois laisser tomber sa carapace avec sa petite-fille, je le vois être fragile avec elle, aimer perdre son temps avec elle. Parfois je le vois plus en vie que quand il n'avait pas des rendez-vous médicaux tous les mois. Comme si savoir qu'il allait crever lui avait retiré cette injonction à vivre intensément, à prouver qu'il vit intensément. Comme si ça l'avait décomplexé. Qu'il faisait enfin des trucs pour lui. Non pas qu'il n'en ait jamais fait, au contraire. Mais je sens qu'il ne vit plus pour nous montrer que lui il sait vivre. Et maintenant que je sais qu'il dit vrai, qu'il va bientôt crever, je n'arrive pas à être touché. Je n'arrive pas à faire les choses qu'il espère que je fasse quand il me répète douze fois qu'il va crever. Quand il fait même un grand pas vers moi en me disant, Tu sais, si tu veux me dire des trucs, c'est pas demain. Quels trucs t'aimerais que je te dise ? Quelles choses t'aimerais que je te fasse ? J'ai toujours tout fait pour te prouver quelque chose, et maintenant que tu vas crever je me rends compte que je ne sais même pas ce que je cherche quasi désespérément à te prouver. Que t'as raison de m'aimer ? Que tu peux être fier ? Ça, je le sais. Tu ne me le dis pas, mais je le sais. Pourquoi ça ne comble rien ? Pourquoi je continue à vivre pour toi ?

Enfant, je t'en voulais de ne pas dire, de ne pas faire. Adulte, je comprends enfin que tu ne sais juste pas dire, tu ne sais juste pas faire. Je suis condamné par l'espoir. Celui d'une résolution, pour nous deux, la promesse que l'hiver glacial qu'est notre relation laissera place à un printemps, pas même un été. Je demande juste un bourgeon. Un peu de verdure. Un petit quelque chose. Même si c'est mélodramatique comme la fin des films américains, une dernière visite à l'hôpital, une phrase sous forme de dernier souffle qui serait la clé pour que tu t'en ailles de moi. Mais tu t'accroches, tu ne rendras pas ton dernier souffle comme les autres, tu mourras en inspirant, une grande inspiration, attraper encore un peu plus du monde, ça je le sais déjà.

Peut-être pardon, je veux que tu me dises pardon. Je le sens, je le sais que ça ferait du bien, je sais aussi que ce ne serait pas nécessaire, tu n'as jamais fait quelque chose en particulier qui demande le pardon, c'est ça qui est frustrant dans cette histoire sordide, tu n'as jamais fait quelque chose qui nécessite un pardon. Mais j'en veux un quand même, c'est une question de principe, tu nous as colonisés, tu es en nous, tu es en moi, tout le temps, tu me ronges et ça me fait chier. Demande-moi pardon, j'en ai besoin. J'ai besoin de ton regard.

Pourtant quand j'étais petit, je dirais huit, dix ans peut-être, j'avais tellement peur qu'ils meurent les parents. J'y pensais tout le temps, j'en dormais pas. Trois ans d'insomnies. Ils m'ont emmené chez la psy carrément. Pour ça et parce que je disais à tout le monde que je touchais mes tétons pour disparaître.

Pourtant c'est vraiment pas dans notre ADN familial d'être lâche et d'aller parler de ses problèmes à quelqu'un d'autre. Je sais pas comment elle l'a convaincu de m'y emmener.

Quand ça arrivait, mes petites crises d'angoisse, je passais des heures entières mon petit cul sur le bois bien dur de l'escalier tout sombre. Je descendais les marches une par une sur la pointe des pieds pour m'asseoir sur ma préférée, je vous jure si j'y retournais je pourrais vous la montrer sans hésiter. La marche parfaite, assez bas pour les entendre ronfler mais assez haut pour remonter dans ma chambre s'ils se réveillaient, j'avais pas le droit d'en sortir pendant la nuit. Il me l'avait interdit.

Tant qu'ils ronflaient, ils étaient pas morts. D'ailleurs j'en voulais à ma mère de pas ronfler assez fort. Si je ne l'entendais pas, j'entrais dans leur chambre, tout doucement pour pas que ça grince, et j'écoutais. Si je l'entendais toujours pas je répétais Maman, maman, maman, mam, jusqu'à ce qu'elle se réveille, calmement, comme toujours. Puis je pleurais un coup, elle me disait quelques mots et je pouvais remonter.

L'escalier était rempli de photos de famille. Mais pas de la nôtre. Il collectionne les vieux cadres. Il achète des vieilles photos de famille du dix-neuvième ou vingtième siècle en brocante, les retape et les accroche un peu partout dans la baraque. Des familles de charcutiers, de docteurs, de restaurateurs. C'était l'époque où fallait forcément faire ce que faisaient tes parents et en plus fallait sourire sur la photo. D'ailleurs on sentait que c'était nouveau les photos, ils avaient tous des têtes de cons du genre On bloque la respiration, on se tient droit et on fixe la machine qui capture les âmes. Regard fier, victorieux, menton vers le ciel pour les hommes et leurs fils. Regard timide, pas sûres, assises ou courbées, le menton vers le sol pour les femmes et leurs filles.

Ça me faisait chier je crois, nous on n'avait aucune photo de notre famille au complet, heureuse, dans un beau cadre. Mais plus de deux cents familles, qu'on ne connaissait ni d'Ève ni d'Adam, nous narguaient avec leur bonheur figé en noir et blanc… Souvent, assis dans l'escalier en pleine nuit, je me disais Peut-être que vous avez une photo ensemble, mais vos enfants ils l'ont vendue pour deux euros en brocante cette photo bande de cons. Nous si on avait une photo, on la vendrait pas. Vous êtes tous morts maintenant bande de cons.

Au bout d'un moment, elle n'a plus supporté que je la réveille tous les trois jours. Elle m'a dit Tu réveilles papa, c'est plus possible ! C'était faux il se réveillait jamais, sommeil de plomb le bonhomme, mais elle voulait un vrai argument.

Elle m'a acheté un babyphone. Branché de leur côté, pour que je les entende ronfler depuis ma chambre. Ils devenaient mes enfants, et en échange je les privais de toute sexualité. Peut-être que ça ne les dérangeait plus. Peut-être avaient-ils dépassé ce stade dans leur relation.

La journée j'avais jamais peur qu'ils meurent. Impossible de mourir en plein soleil, devant tout le monde. La mort c'était un truc qui arrivait dans le noir, en secret. Et j'étais là pour surveiller que ça n'arrive à personne. Aujourd'hui, je le sais que tu vas mourir et ça me fait pas bouger un sourcil. Ça fait des années que j'ai plus besoin de t'entendre ronfler pour m'endormir.

Baise-moi comme une chienne.

Elle m'écrit ça et moi comme un con ça me fait bander. C'est moi le chien, une phrase et je bande, assis et je m'assieds, donne la patte et je donne la patte.

On discute depuis quelques jours sur les réseaux, très vite on a parlé cul et très vite on s'est promis qu'on se baiserait un de ces quatre. Ça m'arrive de temps en temps, vouloir juste baiser une bonne meuf, vouloir honorer l'adolescent que j'étais, l'adolescent qui mentait à ses amis en disant qu'il avait vu une bonne meuf ce week-end et qu'il avait été à deux doigts de la baiser.

Peut-être aussi vouloir me prouver que j'arrive encore à draguer une femme, ou qu'elles arrivent encore à m'exciter, que j'arrive encore à arriver, que ce n'est pas mort.

Je suis dans un hôtel loin de tout, loin de mon père, pour écrire, et je prévois de rentrer à Paris dans l'unique but de la voir. On se chauffe, par moments nos discussions s'étalent sur plusieurs heures, elles me remplissent, obstruent le reste, je ne pense plus qu'à ça, engorgement. Dès que j'ai joui, je redeviens lucide, le monde se dilate à nouveau, le sort n'opère plus, je ne suis plus le bon chien-chien, je me rends compte que c'est ridicule, que je m'en fous, que c'est puéril, qu'il ne faut pas que je rentre à Paris pour ça, que ce sera décevant, que je serai décevant, que ce n'est pas pour moi, que ce n'est pas moi. Mais, comme dans *Memento*, dix minutes plus tard j'ai tout oublié, je lui renvoie un message, je prendrai le train en fin de semaine pour la baiser comme une chienne.

Je continue les filles. Je ne sais pas pourquoi. Avec elles c'est pas pareil, c'est moins bien, c'est souvent un mauvais moment, souvent un moment où je me ferme, je jette la clé, et je disparais, je ne suis plus là. Juste un corps, le mien, vide d'être plein de cette substance blanche qui m'a guidé jusqu'à cette femme. Je bande assez peu souvent avec elles maintenant. Pourtant je sens qu'il faut que je persévère, parfois j'ai l'espoir que celle-ci, j'y arriverai, que je serai un homme face à cette femme. Je veux me rappeler ce que c'est qu'être un homme. Et souvent je me trompe. Je me retrouve la queue molle, face à elle, à devoir expliquer pourquoi je suis incapable de faire ce qu'on s'est promis de faire par messages. Plus un homme, un enfant dépossédé de toute virilité.

Chaque fois je me sens humilié, je mets plusieurs jours à m'en remettre, et chaque fois, une ou deux semaines plus tard, j'ai perdu la mémoire et je retourne poser des likes sous des photos de bonnes meufs. Ça m'épuise, je m'en veux, pour elles déjà, et pour moi, je m'en veux de ne pas m'écouter, de ne pas me faire confiance. Parce que je le sens, à chaque fois que je jouis, je le sens que je bluffe, que je mens, je le sens que je joue un rôle et que je le joue mal.

Rien de pire que d'avoir promis et qu'en face d'elle, une fois mon sexe dans sa bouche, il ne gonfle pas. C'est devenu une frayeur. C'est même revenu dans un ou deux cauchemars, mon sexe qui ne sait plus enfler, qui se détache de moi, qui tombe au sol et qui y reste, posé là comme une vulgaire chaussette sale qu'on a oubliée.

J'ai parfois l'impression d'avoir à explorer ma non-sexualité, comme ces gens qui gardent les négatifs de leurs clichés d'appareil photo jetable qu'ils ont fait développer dans la boutique sombre au fond du supermarché, comme un trésor : Regarde celui-là, mets-le devant la lampe, je crois que c'est la photo avec mamie, c'est marrant ces trucs-là…

C'est pas marrant, c'est triste, je sais que c'est triste, mais je n'y peux rien, je tombe encore dans le piège, et ça continuera tant que je banderai de recevoir un Baise-moi comme une chienne. J'ai peut-être besoin d'explorer ces bulles de malaise pour être heureux de retrouver les hommes. Pour me rappeler, contraste, que c'est ça maintenant, que moi c'est les hommes maintenant. Qu'à chaque pénis mou dans bouche déçue, c'est un peu plus d'homosexualité qui s'affirme en moi. Je crois que c'est la première fois que j'écris le mot « homosexualité », étrange.

Souvent quand je vois une fille, je bois un verre d'alcool avant, c'est ce que j'ai fait les premières fois que j'ai vu des mecs. Sauf que là, à chaque fois je laisse traîner le verre et la bouteille. C'est mon excuse si ça ne fonctionne pas, Pardon ça doit être l'alcool. On discute un peu, on se dit qu'on se reverra, je sais que non, elle s'en va, je ferme la porte, je termine le verre, et je jouis sur des vidéos d'homme avec des hommes qui ont l'air de savoir qu'ils sont des hommes.

Ce qui me plaît aussi avec les femmes, c'est de jouer un rôle. La séduction est moins frontale, elle passe par beaucoup d'étapes, devient un art, l'art du non-dit. Et j'adore ça, je sais faire, c'est un art de famille. J'adore jouer avec l'intensité, avec le potentiel érotique d'une phrase, d'un geste, d'un regard. Il y a de ça aussi avec les mecs, mais c'est souvent plus direct, la rondeur incertaine me manque parfois.

Peut-être que je pourrais leur demander, gentiment, aux femmes Est-ce qu'on peut se draguer, et au moment de baiser, on se serre la main et on se dit au revoir ? Au moment de baiser, je pars en courant ?

J'attends cette fille. J'ai tout rangé dans l'appartement, tout nettoyé, récuré, je suis allé acheter des rasoirs et de la mousse pour mieux délimiter mes zones poilues, je termine à la tondeuse, ne veux pas être imberbe non plus, suis un homme. J'allume une bougie, je mets de la musique sur la télévision, ça crée une présence supplémentaire, j'en ai besoin, je me pose sur le canapé. Très droit, je ne m'assieds jamais comme ça. Mon pénis se recroqueville, je tire dessus pour le motiver, tu vas faire ce que t'as à faire. Je l'attends, elle est en retard. Je lui ai donné l'adresse d'en face, par sécurité, je regarderai par la porte pour voir si c'est bien elle, je l'appellerai au loin pour qu'elle me rejoigne, et on fera ce qu'on a à faire.

Un des trucs qui me faisait bander avec les filles quand j'étais ado, c'était m'imaginer les présenter à mes parents. Ça faisait même partie intégrante de mon rituel de masturbation. Je m'imaginais ramener la fille chez moi, croiser mes parents, qu'on monte dans la salle de bains et qu'on fasse les choses que je voyais sur Internet, sans un bruit parce que les parents ne doivent pas apprendre ce que je rêve qu'ils apprennent.

Je n'ai eu qu'une copine sérieuse au lycée, deux classes au-dessus de moi, je bombais le torse de fierté devant les copains d'attendre que les terminales sortent à la fin de la journée. On avait couché ensemble quelques fois chez elle quand ses parents n'étaient pas là. Un jour son grand frère était rentré plus tôt que prévu et j'ai dû me cacher en caleçon dans la maison. Là, torse nu, le souffle coupé, je l'imaginais me défoncer la gueule à coups de poing. Je ne pouvais pas m'enlever cette image de la tête, moi au sol, lui sur moi qui me brisait le crâne en deux, des mouvements de droite à gauche, je ne me serais pas débattu.

Après cet incident, elle a voulu qu'on trouve un autre lieu pour nos ébats maladroits. Je lui ai proposé de venir chez moi un dimanche après-midi, On aura la maison pour nous, t'inquiète pas. Elle a sonné, je lui ai ouvert. Toute la famille était attablée dans le jardin, mes frères, ma sœur, mes parents, même mes deux tantes. Rouge, elle a fait un coucou de loin, et on est vite montés dans ma chambre. « Je savais pas que c'était repas de famille aujourd'hui, je te jure, mais c'est pas grave, on peut faire d'autres choses ! » Je savais très bien que c'était repas de famille aujourd'hui. On est restés à peine une demi-heure dans ma chambre avant qu'elle reparte. On ne partageait pas grand-chose, seulement des fluides, et là ce n'était pas possible. J'ai quand même essayé, elle m'a repoussé la main, Y a tout le monde en bas !

Je pensais Justement, y a tout le monde en bas.

J'avais entendu ma mère et un de mes frères monter à l'étage pour écouter discrètement ce que nous faisions. J'ai adoré cet après-midi, il marquait la fin d'une période, plus un enfant, maintenant j'enfonce mon pénis dans des femmes, maintenant je pénètre. Un léger sourire complice s'est installé de manière récurrente chez mon père les quelques fois où il m'a emmené au lycée après ça, mon fils pénètre.

J'attends toujours qu'elle arrive, commence à faire beaucoup de retard, je regarde autour. On dirait un appartement témoin tellement c'est propre, rangé, tellement ça sent bon. Et moi, je suis le mannequin témoin, un homme fait de plastique, tout raide, les cheveux plaqués, sans pénis, comme les poupées, mon entrejambe n'existe pas.

Un temps.

« Je suis là », je descends, le cœur qui bat, c'est bien elle, je la reconnais de dos sans jamais l'avoir vue, « derrière toi ». Elle se retourne, me voit, sourit, elle traverse, me rejoint, la bise, maladroite, on monte en silence, premier étage, je grimpe vite les marches, deux par deux comme toujours, elle se force à me suivre rapidement, ne veut pas me louper.

— Ça sent bon chez toi.

— Merci.

— Et c'est bien rangé.

— Merci.

Si seulement elle savait à quel point mon salon est à des années-lumière de ce qui se passe à l'intérieur de moi.

Malaise, on ne sait pas quoi se dire, impossible de faire la corrélation entre la jeune fille douce, attentionnée, timide, qui caresse mon chat, et celle qui m'a supplié de la baiser comme une chienne. Elle doit sûrement se dire la même chose de moi. Je le sens déjà, je n'y arriverai pas, j'aimerais qu'elle parte, encore mieux, que je parte. On boit un verre, on fait comme si on ne s'était pas dit toutes ces choses-là, comme si c'était la première fois qu'on discutait.

Vingt-deux minutes plus tard, elle part. Moi je reste. Couilles pleines, cœur vide.

Je suis pas doué pour les sensations. Enfin j'ai fait ma tambouille depuis quelques années pour réussir à ressentir des choses par moments. J'envoie des phrases aux gens, eux ressentent et je m'adapte à ce qu'ils ressentent, je les copie. J'envoie, ça rebondit, je rattrape.

C'est pas non plus comme chez les psychopathes, j'ai pas un grand rien à l'intérieur, j'ai jamais eu envie de découper un chat non plus. Je ressens au fond, dans le bide, juste je fais pas confiance donc je fais pas remonter les infos au cerveau, ou au cœur, moins loin.

C'est plus comme une distance neutre, voilà. Un pas de côté. Je marche à côté de la vie. Je vois les sensations mais j'ai le bras trop court pour les attraper. Ou peut-être que j'ai peur que ce soient elles qui m'attrapent.

Rien ne me pénètre réellement. Je ne me suis jamais senti pénétré par quelqu'un. Je ne parle pas de sodomie, je parle d'âme, de cœur. Je ne l'ouvre jamais vraiment à qui ou quoi que ce soit.

J'ai toujours eu ce problème avec les autres, mais maintenant ça le fait aussi avec moi. Même de l'intérieur ça ne rentre plus. Je n'arrive plus à me pénétrer moi-même. À me faire confiance sur une sensation, à l'écouter, à ajuster ma température sur la température de cette sensation.

J'aimerais prendre des décisions sur des ressentis, j'aimerais me faire tellement confiance au point de me lever et de quitter un dîner en gueulant, sur un coup de tête, parce que je suis pas d'accord ou parce que j'en peux plus. Un effet dramatique que j'ai toujours admiré. Mais non, je reste et j'encaisse avec distance car, au final, rien ne rentre.

Si tu colles ton doigt sur un miroir, le doigt en réflexion ne touchera jamais ton vrai doigt. Tu peux regarder de plus près, il y aura toujours un tout petit écart, un millimètre d'écart. Peut-être que c'est ça, que j'ai toujours un millimètre d'écart, que tout me frôle, passe tout près mais ne me touche jamais.

Je tiens ça de lui. Évidemment c'est une protection et il faut apprendre à ses enfants à se protéger aussi. Lui résiste face à la pénétration. Quand il sent que ça commence à rentrer, qu'il est sur le point d'être touché, d'être vulnérable. Il se lève et il part. Il quitte la pièce et un peu plus la vie par la même occasion.

Quand j'étais petit je pensais qu'il s'en battait les couilles, mais en fait il a peur.

Avec mes frères on en profitait. Quand on rentrait

de classe et qu'il était face à la télé, chaîne d'infos, + 28 pour cent de PIB de Taïwan parce que la condition des cheminots s'aggrave suite aux déclarations de l'imam de Drancy… Nous ça nous faisait royalement chier donc on tirait sur la corde, on le regardait et on lui disait des trucs pour le pénétrer : Tu sais papa, on t'aime ! Il nous regardait, souriait. On savait que dans la minute qui suivait il allait se lever et quitter le salon. Et qu'on pourrait enfin mettre Gulli.

On a arrêté de jouer au « On t'aime papa » pour qu'il quitte la pièce le jour où mon frère l'a retrouvé en train de pleurer discrètement dans le garage avec une brique de crème anglaise tremblante dans la main.

La définition de la vulnérabilité c'est la « capacité à être atteint ». Et chez nous, un homme c'est pas faible. Donc on n'est jamais vulnérables.

Rien ne doit rentrer. Du coup peu de choses sortent. C'est l'équilibre de mon père, la juste balance qui fait que ça ne se casse pas souvent la gueule. Il trouve sa force là-dedans. Il est chargé à bloc de tout ce qu'il n'a jamais évacué. Ce qu'il ne dit pas, ne fait pas, devient son essence. Son rapport au monde c'est le combat, c'est ne pas céder, ne pas plier, ne pas se pencher. Pour ne pas se faire enculer.

Moi aussi j'avais cet équilibre « ça ne sort pas, ça ne rentre pas ». Puis j'ai décidé de me battre contre. J'ai commencé à vouloir faire l'inverse de mon père, à vouloir tout faire sortir. Et j'ai choisi ce métier. Parler de soi, tout le temps, partout. Vider son sac, sur scène, à la télé, dans un bouquin. Ça me fait du bien, ça m'aide à me comprendre, à me sentir, à me constater, comme on constate un accident. On voit là où il y a des dégâts puis on essaie de combler, de repeindre, de réparer. On répare mieux quand c'est dehors, quand c'est visible, concret.

Je pensais que naturellement j'apprendrais à ce que des choses rentrent. Mais non… En ce moment, je me sens vide. Flottant.

Tu m'as privé de cela, je ne sais pas faire, et maintenant tu m'en veux de ne pas savoir faire. C'est con, aussi con que tendre un bras, une main, que toucher, qu'attraper, aussi con qu'un câlin, qu'un silence qui berce. Mais on ne sait pas faire, on nous a amputé ce membre. Ça mettra du temps à repousser.

Parfois je te regarde de loin, et j'imagine. Un câlin. Ma tête sur ton épaule. Ta tête sur mon épaule. La paix pendant quelques secondes. Ça me met mal à l'aise, mais je me force à l'imaginer.

Ou pleurer. Pleurer c'est jouir mais des sentiments, les laisser grimper jusqu'à ce qu'ils prennent le contrôle. J'aimerais savoir pleurer dans des bras, me laisser réconforter. Je suis mal à l'aise rien que d'y penser, je n'ai jamais pu expérimenter. Je pleure seul, et même si ça me fait du bien, ce n'est pas dans la consolation. Je ne me console pas avec bienveillance quand je pleure, c'est plus pragmatique. Presser la plaie avec les deux pouces pour faire sortir le pus au plus vite. Que ça cicatrise.

Une amie me dit qu'elle n'arrive plus à jouir et que sa psy lui a conseillé de repenser à des moments passés d'orgasme extrême pour réamorcer l'impulsion.

Peut-être que je devrais replonger dans mes anciennes larmes. Mais surtout, je n'arrête pas de me demander : que deviennent les larmes qui n'ont pas coulé ?

On est dans la grande chambre toute froide de notre gîte de province, avec mon premier copain. Je l'aime bien, il a quelque chose qui m'hypnotise, qui me réconforte. On s'est dit que ce serait bien de partir un peu de nos petits apparts parisiens, de renouveler ce qu'il y a entre nous, qu'on se respire un peu mieux, on commence à se taper sur les nerfs. Et puis ça me pousse vers la campagne. Ça me donnerait presque envie d'aller voir les parents dans la maison qu'ils retapent.

On fait un feu pour pouvoir au moins retirer nos pulls. Enfin je fais un feu, lui ne sait pas faire. Elle est tellement grande cette chambre, ça n'aura rien chauffé d'ici à ce qu'on s'endorme, mais juste voir les flammes ça réchauffe. On met trois couettes, ça fait lourd. Il commence à s'endormir, sur mon épaule. Je fixe le feu. La bûche se consume si vite. Je réfléchis, je crois que je suis triste. J'ai envie d'écrire mais j'attends que les dernières braises se taisent. Il tapote une petite rythmique sur mon torse avec ses doigts, dans sa tête une chanson. Et dans la mienne ? J'ai envie d'attraper mon ordinateur et de m'installer dans le canapé.

Il s'est lancé, je l'ai senti venir. Son rapport aux corps, le sien et le mien, change quand il a cette idée derrière la tête, il devient plus tactile, plus hostile, plus bagarreur. Dans le lit, il se rapproche de moi, se colle. Je sais précisément tout ce qu'il va faire et ça me rend triste. Pendant qu'il m'embrasse la joue, le front, le cou, le menton, je culpabilise. Je pense au combat qu'il traverse, je sais tout ce que ça a et va bouleverser dans sa vie d'aimer un homme. Je suis son premier, il ne le savait pas avant moi. Au début j'étais fier, comme si je l'avais initié au jeu des sensations, que je lui avais fait découvrir une drogue. Ça devenait même égotique, il avait été construit, son corps, son âme, rien que pour moi.

Maintenant je m'en veux. Je m'en veux de l'avoir poussé dans ce combat. Pourtant il l'aurait appris avec ou sans moi.

Je m'en veux aussi de ne pas être simple. Qu'il commence sa vie amoureuse avec un mec compliqué. Un mec qui, quand tu poses tes lèvres sur son cou, culpabilise parce que tu poses pas tes lèvres sur le cou d'une femme. Un mec qui ne peut pas apprécier un moment sans penser à ses répercussions ou à ses racines. Toi t'es frontal. Je ne te l'ai jamais dit mais j'ai failli pleurer la première fois que je t'ai vu jouer avec mon chat. Parce que t'as vraiment joué avec lui. On ne se connaissait pas encore bien, on jouait chacun notre rôle de rendez-vous galant, chacun une posture séduisante, puis mon chat est entré dans le salon et t'as tout lâché pour jouer avec lui. Pendant ces quelques minutes, t'étais plus qu'un mec qui jouait avec un chat, plus rien ne comptait pour toi, plus d'armure. Ça m'a ému. Ça t'a rendu magnétique. Tu avais un truc que j'ai jamais réussi à avoir, tu avais le présent en toi. Maintenant je te jalouse. Tu m'embrasses dans le cou et je te jalouse aussi. Si tu veux, tu fais, et si tu veux pas, tu fais pas. Tu ne te forceras pas à faire en te disant que peut-être ça fait longtemps que, ou qu'il ne faut pas que je pense que, ou parce que peut-être que l'envie viendra quand tu. Non, tu as ce rapport binaire à la vie, si simple. Tu n'es pas dans la statistique, dans le sondage, le double sens, le sous-texte, l'inconscient comme moi. Tu es la conscience pure, tu es la frontalité, tu es le désir qui ne s'ignore pas, la tristesse sans complaisance. Je crois que tu es la vie. C'est d'ailleurs comme ça que je te surnomme, La Vie.

Est-ce que je reste près de toi pour te voler tout ça ? Les vases communicants qu'on dit. Je prends un peu de toi. Et encore un peu. Jusqu'à ce que ça devienne beaucoup, c'est ça qui m'intéresse ?

Tu prends de moi en retour, ça aussi ça me rend triste. Je t'ai irradié de vide. Je vois bien que parfois tu fais des choses pour remplir, tu faisais pas ça avant. Avant tu étais celui qui me remplissait par moments. C'est ça qui est horrible avec le vide, quand tu m'en prends un bout, il reste quand même en moi, il s'est juste multiplié.

Avant qu'on officialise le mot « couple », on était en zone grise et la zone grise, ça m'arrange amoureusement parlant, les mots me mettent la pression. Je n'ai jamais dit un je t'aime sincère à quelqu'un. Sauf à mon chat une fois, et j'ai pleuré. Parce qu'en le disant j'ai eu honte. J'ai cru voir dans ses yeux à quel point il trouvait ça triste. Heureusement il ne m'a rien répondu. C'est ma qualité préférée chez les chats, ils ne répondent jamais.

Ça faisait à peu près un an qu'on se voyait toutes les semaines, mais on n'avait pas encore décidé d'utiliser le mot « couple » (on peut dire que mes avocats étaient en train de relire le contrat, mais que les tiens nous mettaient la pression pour qu'on signe).

Toi tu étais relax avec le fait que je voie des filles à côté. Comme si ce n'était pas une menace pour toi, comme si tu avais statué pour moi que les filles c'était qu'un pansement pour gonfler mon ego. Ou une sorte de trophée que je réclamais parfois pour prouver que j'étais resté quelque part un peu hétéro.

Et puis j'ai chopé des morpions.

Tu m'en as pas voulu, tu t'es juste un peu foutu de ma gueule avec mes petits crabes pubiens.

Le souci c'est que ça se balade ailleurs. J'en avais sur les fesses, et je ne peux pas me raser cette zone tout seul. Tu as moins rigolé.

Debout, nu, penché, dans la douche. Toi, une tondeuse électrique dans la main, t'approchant de mon cul, j'ai pas rigolé non plus.

Dès que tu t'approchais je retenais ma respiration, j'avais peur. Tu me disais Mais arrête de stresser. Je te répondais que Non je stresse pas, fais vite, j'ai froid. Mais dès que tu t'approchais à nouveau, tu me répétais Je vois que tu stresses.

— Tu vois pas ma tête, comment tu vois que je stresse ?

— Ton anus.

— Hein ?

— Je vois que ton anus se ferme quand t'as peur.

Là, tu t'es mis à rigoler à nouveau, ton grand rire qui vient de tout au fond.

Tu m'as dit que tu lisais plus facilement mon anus que ma tête.

Tu as eu une idée : Est-ce que cette fille en valait la peine ?

Aucun son ne sort de ma bouche, mais toi tu ris encore plus car apparemment non.

— Est-ce que tu m'aimes ?

Et là j'ai senti que tu regardais mon anus dans les yeux.

On s'est embrouillés ce jour-là. Apparemment mes fesses ont répondu non.

La petite gare de Bercy. Je suis rarement en avance pour le train mais aujourd'hui, je ne sais pas pourquoi, je ressemble à un enfant tout sage. Assis, tête contre la vitre, en doudoune, j'ai mon billet et tout, j'attends patiemment le coup de sifflet et les portes qui se ferment. J'ai bu. Je vais le rejoindre là-bas, il y est depuis une semaine. La campagne c'était marrant quand il y avait tout le monde. Mais la promesse est moins excitante sans le tout le monde, juste le père, seul, qui mange une soupe le soir. C'est sûrement ce dont j'ai le moins envie, pourtant je sens qu'il faut que j'y aille. J'arrêtais pas d'y penser, je me suis dit que ça pourrait me donner des bonnes idées pour le bouquin. Puis Paris m'étouffe en ce moment, j'ai un truc qui me traîne tout le temps dans le fond de la gorge. Et le bruit, j'en peux plus du bruit. Je me suis même dit que c'était trop d'entretien cette grande maison pour lui tout seul, que ça allait le fatiguer, et il n'a surtout pas besoin d'être fatigué en ce moment.

Je me cherchais des excuses à noter dans mon carnet scolaire pour prendre le TER en douce.

J'ai cédé, mais à qui ? J'y suis, c'est bon, j'y vais, je suis un bon fils. Il arrive ce coup de sifflet ?

Je crois qu'au fond j'ai envie de manger une soupe en silence face à lui. Quand on n'est que tous les deux, c'est assez touchant son comportement, enfin sa tentative de comportement. J'ai l'impression qu'il m'entraîne à devenir le roi. Il est sec, son débit de parole se réduit, son regard est plus rond que d'habitude, il se met à l'écoute de mes envies, besoins, même si je n'en ai pas forcément. Il râle si je ne me ressers pas à manger, mais fait attention à ne pas mettre d'aliments que je n'apprécie pas dans le plat, T'aimes pas les patates, c'est bien ça ? Du coup j'en ai pas mis.

Petit, il s'en foutait que j'aime pas ça, il m'en servait même plus qu'aux autres Pour que t'apprennes à manger de tout… Tu fais toujours le difficile ! Je ne pouvais pas quitter la table avant que l'assiette soit vide. Parfois, discrètement, quand il était plongé dans le JT, j'attrapais des petits bouts avec la main et les jetais sous la table. Le chien était ravi de m'aider à devenir le fils modèle. Puis le chien est mort. J'ai dû trouver d'autres techniques. Je mettais des patates dans mes poches. Et je disais Il manque le poivre ! J'allais dans la cuisine le chercher, j'ouvrais la poubelle, je soulevais des choses pour pas que ce soit visible, et j'y enterrais les pauvres patates. Un jour, je l'ai trop fait, pas malin le gamin, le poivre, les toilettes, mon verre est sale faut que j'en prenne un autre. Il a compris mon petit jeu, et a rajouté une montagne de pommes de terre dans mon assiette. J'ai mangé lentement en pleurant. J'ai terminé le déjeuner une heure avant qu'on dîne. Il est resté assis en bout de table tout l'après-midi pour me surveiller.

Aujourd'hui, quand je le vois, plus de patates, il fait attention, et je trouve ça mignon. Il se plie en quatre pour que je me sente le mieux possible et souvent ça creuse mon malaise autant que ça me touche. Comme un patron de bar qui fait trop d'efforts pour fidéliser sa clientèle parce qu'il y a pas grand monde en ce moment. J'oscille entre l'envie de fuir et celle de me rapprocher quand je suis seul avec lui.

Le train vient de partir, je suis bourré, j'espère que je ne vais pas me sentir mal. J'ai une heure quinze pour dessaouler, ça devrait le faire. Je bois peu, il ne m'a fallu que trois verres de vin pour être tout chaud du front. Je perle. Je ne sais pas si c'est volontaire l'alcool avant d'aller voir le père. Je vais redevenir le fils, le prince, peut-être que ça se fête. J'arrive.

Le quai.

Le silence de la campagne.

Il m'attend devant la gare, lui aussi était en avance.

Dans la voiture, peu de mots, comme toujours, Ça va bien ? Oui et toi ? Oui. Pas trop long le trajet ? Non… Puis rien. Quinze minutes de rien. On est habitués, c'est même pas gênant, même pas besoin de mettre la radio pour combler le vide avec du

Julien Doré. On arrive, il me tend la clé, une grosse clé de château fort, j'entre. Je vais mettre une bûche au feu pendant qu'il se gare. C'est mon rituel quand j'arrive, je vais au feu et j'y jette tous les bouts de papier que j'ai dans les poches, tickets de métro, de caisse, mon paquet de clopes vide si j'ai de la chance, j'adore quand il s'atrophie sur lui-même à cause de la température. Il est 22 heures, on s'est attendus pour manger, il a déjà mis la table. Il a installé mon assiette étrangement loin de la sienne, sur la grande table en bois massif. Avec cette distance, on dirait un banquet de nobles, je rigole un peu. Il me demande Pourquoi ? Je ne réponds pas, il le prendrait mal, il pense toujours que si je ris c'est de lui, et quand j'explique pourquoi je ris, il pense que je mens.

De la soupe, des lentilles, du silence. Je vais chercher des yaourts, je n'en prends jamais j'aime pas ça, mais je le fais pour lui.

— Quel goût tu veux ?

— Peu importe.

Je vais dans la cuisine, le frigo. J'attrape un pot saveur pêche. Il crie depuis le salon :

— Et t'es là jusqu'à quand ?

Je ne réponds pas, j'aime pas crier d'une pièce à l'autre. Il fait toujours ça lui. Peut-être que c'est plus dur de face comme question, peut-être que les yeux dans les yeux ça devient une affirmation du style J'aimerais que tu restes longtemps mon fils. Vu que je ne réponds pas il embraye rapidement sur un Je te ressers du vin ? maladroit parce que trop soudain. Je reviens dans le salon :

— Non merci pour le vin et je ne sais pas encore quand je repars.

On se regarde, il comprend que je veux dire, Je vais d'abord voir si on se supporte. Je pose le yaourt devant lui, il me dit qu'il n'aime pas pêche, je lui dis qu'il m'a dit Peu importe, il me regarde sans réaction, je retourne au frigo, je dépose pêche, je prends fraise, tout le monde aime fraise, il le mange, du silence, il racle le fond du pot avec sa cuillère, je fume une clope. Il me laisse fumer devant lui, je pensais qu'il me dirait quelque chose, un petit Faut pas fumer, c'est pas bien, que tous les papas doivent dire dans ces cas-là, mais non, rien. Il me regarde. L'impression que la fumée étouffe l'enfant qui se cache au fond de moi, celui qui fait tout pour son papa. À chaque bouffée je suis un peu moins un fils, un peu plus un roi.

Il siffle le nouveau chien, boiteux, qui met une plombe à arriver. Il lui fait difficilement lécher le pot qu'il vient de racler, et se met à me raconter ses travaux. Tout ce qu'il a fait pendant qu'il était seul et tout ce qu'il compte faire. Il sait que je ne comprends rien aux termes techniques et que ça ne m'intéresse pas trop, mais je sens qu'il a besoin de m'expliquer qu'il bosse. Que c'est pour ça qu'il est là, pour que la maison soit fonctionnelle. Il a besoin de me montrer qu'il se tue pour cette famille, et c'est ce qu'il fait, et je le respecte pour ça. Il dit toujours Vous serez bien ici ! Il s'exclut, il y a rarement du nous dans ses phrases maintenant.

Il ferme les yeux pendant qu'il me raconte ça, calmement, avec une respiration lente, soutenue, fragile. Il joue les yeux fermés de la visualisation mentale mais je comprends que c'est la fatigue. Normalement, à cette heure-ci il dort. Mais il voulait manger avec moi, et moi je voulais manger avec lui. Il me dit qu'il veut ajouter un couloir en haut pour séparer la salle de bains de la chambre. Je lui dis :

— Nous on s'en fout, c'est très bien comme ça.

— Oui, vous ça vous va, mais pas les autres.

— Qui les autres ? Ce sera toujours nous dans cette maison.

— Vous pensez jamais à après, il faut penser à après !

Ses yeux se rouvrent, il me fixe, je ne comprends pas ce qu'il vient de dire mais je n'insiste pas parce que je vois qu'il aimerait que j'insiste. J'ai compris ça il n'y a pas si longtemps. Souvent il tend une perche et attend qu'on l'attrape, quand il a quelque chose de sérieux ou de « sensible » à dire. Je trouve ça lâche. Il se fait croire que ce qu'il nous dit, c'est nous qui l'avons forcé à le dire. Peut-être même que nous l'avons forcé à le penser, qu'on a incrusté des sentiments de faibles dans son lobe frontal et qu'il ne fait que nous rendre ce qui nous appartient, comme un service généreux.

C'était dur la première fois que j'ai arrêté ce petit jeu de lui faire cracher le morceau qu'il a envie de cracher tout seul tellement ça l'étouffe. Si tu veux dire, tu dis. Il sortait de l'hôpital, il ne nous en avait pas encore parlé, c'était le début du merdier. Une fois revenu, il a gardé le bracelet en plastique qu'on te donne quand t'es admis aux urgences. Il l'a gardé plus d'un mois, il se lavait avec, dormait avec, mangeait avec, le truc devenait tout jaune, c'était dégueulasse. Je suis venu quelques fois à la maison, mais j'ai pas eu envie de demander Mais t'as un truc de l'hôpital au poignet là, qu'est-ce qui s'est passé, ils t'ont dit quoi les médecins ?

Je voyais qu'il voulait, il le secouait beaucoup trop son poignet. Il passait la main devant mon nez pour attraper un plat alors que toute ma vie je l'ai vu pointer du doigt ce qu'il voulait, pour que ma mère l'attrape à sa place. Au bout d'un moment il a craqué. Il s'est étrangement approché de moi, par-derrière :

— Tu sais je vais bientôt crever, c'est ce qu'ils m'ont dit à l'hôpital.

— Ah c'est ça le bracelet ?

Il a acquiescé fièrement, c'était sa médaille à lui. Ma mère m'avait déjà prévenu. J'ai rajouté, sourire aux lèvres :

— Pourquoi tu l'as gardé aussi longtemps d'ailleurs ?

— Je vois pas ce que tu veux dire.

— Tu l'as gardé tout ce temps-là pour qu'on te demande, non ?

Il a pris un temps, regard choqué de mauvais comédien et doucement, dans sa barbe à trous, il a glissé

Non, ça c'est parce que j'aime bien, je garde toujours ces trucs-là, depuis petit, je trouve ça marrant… Et il est parti dans le jardin. Je l'ai regardé par la fenêtre, il m'a fait de la peine. Je m'en suis voulu, peut-être que je devrais recommencer à jouer le jeu. Puis j'ai réalisé que de lui-même il m'avait dit qu'il allait mourir, et que ça devait le faire encore plus crever de sortir ces mots de sa bouche, sans que j'aie rien demandé, mais qu'il l'avait quand même fait. Et ça a dû leur donner du poids à ces mots, qu'il décide de les prononcer, qu'il en soit le moteur, que ce soit pas juste une réplique à laquelle il ne croit pas vraiment. Alors, derrière cette fenêtre, je me suis promis de continuer d'ignorer ses perches. Car si j'attrape la perche, c'est pas lui que je touche, pas sa main, pas son cœur, c'est la perche que je touche. Le jour même ou le lendemain ç'aurait été un aveu de culpabilité, du coup c'est trois jours après qu'il a coupé son bracelet en plastique.

Aujourd'hui je me suis levé à 8 heures parce qu'il faisait froid et je traîne jusqu'à l'heure du déjeuner dans ma petite baraque, à vingt mètres de la sienne. Ils ont acheté ce hameau parce qu'ils avaient besoin d'un projet, parce que la retraite, parce que plus les enfants à la maison. Une affaire mais en ruine, faut tout retaper. C'est un ancien corps de ferme en pierre blanche composé de quatre bâtisses séparées qui donnent toutes sur un grand saule pleureur au centre du terrain. Il essaie d'entrer dans ma baraque mal isolée, sans toquer, sa spéciale, mais j'ai fermé à clé. Je descends, je traverse le jardin encore gelé, il me dit qu'il veut pas que je ferme à clé parce que S'il t'arrive malheur comment je fais moi pour entrer ? Je lui dis que ça me rassure que ce soit fermé, vu que je travaille la nuit, vu que ça me fait peur la nuit de la campagne. Pas que de la campagne, d'ailleurs. Il me dit que C'est ridicule d'avoir peur et que, même, Faut pas fermer à clé ! J'acquiesce, il comprend que je n'en ferai rien. Puis le repas, cette fois-ci mon assiette est beaucoup trop proche de la sienne. Comme s'il avait lu mes lignes écrites hier soir, et qu'il avait voulu rectifier. C'est trop près, lui en bout de table, place du chef, et moi sur le côté, face à son oreille quasiment. Il a fait un osso-buco. Ça me fait rire.

Il a appelé ma mère en FaceTime, était fier de lui montrer que j'étais là. Elle disait Oh bah, t'es là, seul avec papa ? Elle n'en revenait pas, aucun de nous n'est dupe, ce n'est pas naturel.

Quelques jours. Une courte visite de mon frère et ses amis. Rien de spécial, on a fait des feux dans un bidon rouillé tous les soirs et foiré nos chamallows grillés chaque fois. Puis ils sont repartis. Je suis de nouveau seul avec lui dans ce grand terrain rongé par l'hiver. Il a sa maison, j'ai la mienne, que le petit groupe m'a aidé à retaper pour qu'au moins je me gèle moins la nuit.

Ce soir, je fixe mon assiette. Je sais qu'il aimerait qu'on ait des choses à se dire, je le sais parce que moi aussi. Il me regarde et moi je fixe mon assiette. Je crois que ça me rend triste, maintenant qu'il n'y a plus vraiment le chien. Il a pris un sacré coup de vieux, le nouveau, et il est tout le temps malade, en train de couiner dans son panier, c'est triste à mourir de le voir comme ça. Ce serait plus simple pour tout le monde s'il acceptait de crever.

Ce que j'ai laissé dans mon assiette, un petit os, de la couenne, un peu de sauce, ça va sûrement finir à la poubelle. Je pars en silence pour ma petite maison. Il fait soit trop chaud parce que je gère mal le poêle, soit trop froid parce que je gère mal le poêle. Avec lui c'est pareil, trop chaud ou trop froid. Soit c'est détendu, fluide, soit ça bloque total et on sent le malaise qui nous étouffe. Jamais d'entre-deux. Là-bas j'ai un matelas au sol, un poêle d'occasion mais en très bon état, une affaire, des fenêtres qui ferment mal et une douche. Nickel. J'ai l'impression de revivre mes premiers mois à Paris. Le matin, je balaye les cendres qui étouffent le fond du poêle, je mets tout ça dans un seau. Je redresse le matelas et le colle contre la fenêtre pour éviter que le froid rentre. Pour le faire sécher aussi, je transpire la nuit. Je ne refais pas de feu tout de suite, sinon on n'aura pas assez de bûches pour l'hiver. Je passe les premiers moments de ma journée à effacer les traces de ma nuit. Et la nuit, j'essaie d'écrire ce que j'ai fait de ma journée. Cette latence me rassure.

Mon rythme de vie suffoque en ce moment. Mes nuits surtout, elles se découpent en trois comme un bégaiement. Je m'endors tout près du poêle, je compte une distance d'approximativement un bras et demi pour poser mon matelas une place au sol. Mes bras aiment se tendre pendant la nuit, comme Jésus sur la croix, donc je fais attention, ne veux pas me brûler. Je m'endors sous les couettes, près du poêle. J'entame ma première phase, souvent trois heures plus tard je me réveille, je transpire à grosses gouttes, j'ai besoin de boire, je retire les couettes, je laisse sortir mes cuisses, je les laisse s'étaler sur le parquet sans la moindre grâce. Je me rendors et deux heures plus tard la bûche est morte, les frissons me réveillent, ma sueur capte le froid. Je me rendors difficilement en bloquant toutes les couettes sous les pieds avec force et sous le menton que je baisse pour ne rien laisser entrer ou sortir. Je ferme les yeux intensément, le soleil se lève, je sais que dans une heure le chien aboiera de douleur et ce sera trop tard pour se rendormir. Dors.

J'ai hâte de refaire un feu en fin d'après-midi… J'adore le feu. Je pourrais le regarder des heures, quand j'étais petit, je me suis déjà branlé face au feu de la cheminée parce que c'était chaud et qu'il n'y avait personne. Une seule fois, promis, je suis pas bizarre à ce point. Il y a un truc qui m'a toujours fasciné avec le feu. Quand t'as peur qu'il te brûle, c'est là que tu te brûles en rajoutant une bûche. Mais le jour où t'as plus peur, les flammes peuvent te caresser la main que ça ne te fera rien. Maintenant j'ai plus peur de déposer des bûches au fond du poêle.

Je devrais peut-être attendre qu'il soit mort pour écrire le bouquin. Pourquoi il m'a autant répété que c'était pour demain alors que ça fait un an et que tout va bien ? Quand est-ce qu'il meurt ? Ces pensées me traversent par moments. Je m'en voulais et maintenant je comprends, je vois sa mort comme un événement inévitable. L'info est en gestation, j'essaie de la gérer comme n'importe quelle information, comme la météo, comme le plat que je vais manger ce soir. J'essaie de prévoir, de prédire.

Pourquoi il me l'a dit si vite aussi, et pourquoi a-t-il pris son temps pour le dire aux autres ? Peut-être voulait-il que ce soit à moi de résoudre. Ou il savait que ça me perturberait plus que les autres et il m'a offert plus de temps pour fixer le plafond en y pensant. Ou peut-être qu'il voulait juste manger ses soupes avec quelqu'un le soir.

Je crois que je fais ça pour le faire chier.

Mon grand frère, sa copine et leur clique de potes nous ont rejoints à nouveau. Tant mieux, sinon je serais parti. Pas plus d'une semaine seul avec lui, suis pas fou non plus… J'ai profité qu'elle soit là, la copine de mon frère, pour lui demander de me mettre du vernis. Mon frère m'engueule quand je dis que c'est sa copine, J'appartiens à personne, qu'il me répète beaucoup trop souvent pour que ce soit totalement vrai. D'ailleurs à sa non-copine, je ne lui ai pas dit Tu peux me mettre du vernis s'il te plaît ? C'était plus subtil. Je lui ai lâché l'info que j'avais volé du rouge à lèvres il y a quelque temps et que j'avais tenté et que c'était marrant et que j'avais jamais essayé le vernis. Puis, elle et moi on est allés faire les courses et devant le rayon beauté et sa fameuse photo détourée d'actrice américaine, j'ai pris un vernis. « Cette couleur ça m'irait bien. » J'ai lâché ça l'air de rien, en souriant. Très important le sourire en coin, comme ça je lui délègue la responsabilité de choisir à quel degré j'ai prononcé cette phrase. Elle m'a répondu, Je trouve que celui-ci t'irait mieux. Un vernis couleur rouille. Elle m'a regardé : Si tu veux on le vole et je t'en mets ce soir. Elle est très sérieuse. Merde, est-ce que j'accuse le sérieux ou est-ce que je prolonge en blague ? J'ai tenté un neutre Vas-y haha si tu veux. Sous-entendu, je vais le faire pour toi, sérieusement, tout en sachant que, pour moi, ce n'est pas sérieux… Comme un père qui accepte de s'asseoir à la dînette de sa fille pour y prendre un thé imaginaire. Parfois c'est utile le patriarcat. Surtout pour pas assumer qu'on a envie de faire des trucs de fille parce que Je te rappelle que c'est pour te faire plaisir que je vais me foutre de la peinture de pédé sur les ongles ! Tout ça en sous-texte dans un Intermarché. On rentre, on fait à manger. On mange. Mon père en bout de table. Le fromage. Le dessert. Ça débarrasse. Puis ça traîne à table. Ça flotte. Je lui tends le vernis. Elle est trop contente, elle s'en met. Mon père regarde, amusé. Elle termine. Puis je lui tends ma main. C'est sûr que je fais ça pour le faire chier, ou pour vérifier si ça le fait chier. Je sais que dans deux minutes il quittera la table pour continuer les travaux. J'aurais pu attendre deux minutes, mais je voulais voir. Il regarde, rigole. Enfin, fait plus une sorte de haussement d'épaules du genre « bonne vanne mon fils ». Mais je garde la main étalée en étoile de mer et elle commence à appliquer. Il rit moins. Il dit juste, Et pourquoi ? Je réponds pas. Elle dit, Ça va être cool, fais-moi confiance. Elle le tutoie, je sais pas pourquoi mais trouve ça marrant à chaque fois. Puis je vois dans ses yeux qu'il comprend et qu'il ne rentrera pas dans ce petit jeu. Depuis que j'ai fait le spectacle, il contrôle ce qu'il me dit ou ce qu'il dit sur moi. Il me voit comme un journaliste qui attend la petite phrase à mal interpréter. Il rajoute, Si ça te fait plaisir. Avec un sourire en coin. C'est de lui que j'ai appris la technique du sourire en coin. Ce côté homme politique qui dit un truc qu'il ne pense pas vraiment parce que les élections approchent. Ça m'énerve tellement. Le vernis sèche et je fais exprès de ventiler mes mains comme les bimbos dans les films. Je le regarde dans les yeux, il les baisse, prend son portable et quitte la table en riant un peu. C'est là que j'ai décidé que c'était sérieux. Parce que pour lui ça ne l'était pas. Et il a encore gagné. Parce qu'il s'en fout, parce qu'il a décidé pour moi que c'était pour rigoler. Il décide qu'à cet instant j'ai douze ans et que je fais juste mon intéressant, que j'amuse la galerie, que ça va passer. Je regarde le vernis sécher, je trouve ça moche, je me sens moche.

J'ai douze ans cette fois-ci, pour de vrai. Je suis dans ma chambre peinard et je fais rien, comme un gamin de douze ans qui se fait chier quoi. Mon frère m'appelle. Il est dans la salle de bains avec sa copine, pas la même mais elle ne lui appartenait pas non plus celle-là. Chaque fois que je les entendais entrer dans la salle de bains en gloussant ça me faisait bizarre. Je voulais savoir ce qu'ils faisaient, si c'était comme dans les films qui passaient après 22 heures où je faisais croire que l'intrigue policière m'intéressait alors que j'attendais juste les scènes où on voyait un bout de sein. Sauf que cette fois-ci, il m'appelle, Viens ! J'arrive devant la porte, pourquoi je stresse ? J'entends le verrou s'ouvrir. J'entre, de la buée. Elle est posée sur un petit tabouret blanc en plastique. Culotte, T-shirt. Elle vient de se rasseoir, c'est elle qui m'a ouvert. Elle se met du vernis rouge sur les doigts de pied et rigole un peu. Lui il est dans le bain. Je vois juste sa tête qui dépasse et son avant-bras mouillé, l'eau lui a brossé les poils, il en a beaucoup, je n'avais jamais remarqué. Il a posé la main sur sa cuisse à elle. Il est nu ? Je regarde pas. Il me dit de venir, je viens. Je m'approche. Oui, il est nu, je regarde pas. Il me dit Regarde. Je regarde pas. Il répète Regarde. Je tourne lentement la tête. Il me dit, Ça c'est une bite d'homme hein ! Je dis rien et pivote dans l'autre sens. Il redit Hein ?! Je dis Oui. Elle rigole un peu. Il me dit Allez, dégage. Je pars. Pas tout de suite, j'attends quelques secondes pour faire le rebelle. Puis je fais demi-tour en rigolant pour faire comme elle, comme si j'avais compris ce qui était marrant. En passant je la regarde, elle, ses cuisses un peu ouvertes et son vernis rouge qui fait briller ses doigts de pied. Je regarde sûrement trop longtemps car elle resserre les cuisses et replie doucement ses orteils comme une plante qui fane. Je ne vois plus le rouge. Je sors, la porte, le verrou. Il fait froid dehors, il n'y a pas de buée. Je les entends, elle l'engueule gentiment. Lui rigole. Je rentre dans ma chambre. Je me mets devant le miroir, je baisse un peu mon pantalon et je regarde. Je souris, pour me faire croire que oui, c'est marrant. Mais pourquoi c'est pas pareil que lui ? Est-ce que ce sera pareil un jour ?

Ont suivi huit ans de zyeutage discret dans des vestiaires en me faisant croire que c'était pour vérifier si c'était pareil. Huit ans de discussions de cul avec des potes du collège ou lycée pour les imaginer en train de faire ce qu'ils me racontaient. Tout en me disant que c'était normal d'imaginer les trucs quand quelqu'un les raconte aussi bien. Et même que c'est normal d'y repenser le soir aussi. Huit ans pendant lesquels dès que je dormais chez un pote j'essayais de trouver un moyen pour qu'on se voie nus à un moment. À la sortie de la douche, le soir en mettant nos pyjamas, avant de dormir pour comparer comme les mecs le font parfois. Huit ans pendant lesquels je ne comprenais pas pourquoi je le regardais autant qu'elle dans les films porno. Et du coup huit ans pendant lesquels j'essayais de temps en temps des vidéos sans « elle ». Vidéos que j'arrêtais au bout de quelques secondes parce que c'était trop ridicule. Pour enfin tenter quelques fois de parler à des mecs sur Omegle en me faisant passer pour une fille. Juste pour qu'ils me draguent comme si leur vie en dépendait. Et arrêter net parce que ce doux mélange d'excitation, de honte et de culpabilité. Évidemment plus tard beaucoup de sexe, seulement avec des filles. Encore plus souvent quand je doutais. Pour me rassurer, pour me regarder dans le miroir après, pendant qu'elle se rince, en me disant Qu'est-ce que j'aime baiser des femmes. Huit ans de manipulation, à faire croire et à me faire croire que pour moi, c'est pareil.

Quand j'ai enfin compris, j'ai mis plusieurs mois à le formuler, à le dire à un ami – mon coloc. Et même quand j'ai enfin réussi à le formuler c'était avec des mots qui lissaient ce truc auquel je pense tous les jours depuis mes douze ans, auquel je pensais tellement que je n'y pensais plus. Des mots qui tournent autour du pot pour m'arrêter de tourner autour du pot. Le sentir, le comprendre, ne plus en avoir honte, essayer, c'est une chose. Mais le formuler c'était le plus dur. C'était livrer aux autres ce combat qui se joue depuis si longtemps au fond de moi, ce combat qui n'appartenait qu'à moi. C'était les laisser comprendre en quelques mots ce que j'avais mis des années à cerner, à dompter, à domestiquer. C'était surtout rendre ça concret, réel. Une fois dit, ce serait trop tard. J'avais mis huit ans à résoudre l'énigme mais j'espérais encore me tromper de coupable. J'ai sûrement commencé à le dire pour me forcer à y croire. Pour faire exister ce truc inerte, lui donner vie parce que ça commençait à devenir un poids. Et tant que ça ne passait pas par les autres, j'aurais continué à le traîner discrètement.

*I had no chance to prepare, I couldn't see you comin'.*

J'arrive pas à écrire là-dessus. Suis assis près du feu, l'ordi est allumé comme si je savais mais je sais pas. Je regarde la bûche se faire ronger petit à petit par les flammes. Je regarde le vieux nouveau chien mâchouiller des bouts de son os qui n'est même pas un os mais une sorte d'agglomérat de cartilages de bœuf séchés pour pas qu'il s'étouffe mais tout de même moulé en forme d'os parce que c'est un chien. Et qu'un chien, ça aime que les os en forme d'os. Dans mes oreilles, « Ivy », une chanson de Frank Ocean. C'est là-dessus que ça s'est passé la deuxième fois. Deuxième fois sur le papier mais première fois où j'étais présent. La vraie première fois, il y a un truc qui s'est fermé au fond, comme si je n'avais rien vécu. Comme si rien ne s'était imprimé.

Dix-huit ans, je sors de plateau à la télévision. 22 heures, seul chez moi, comme tous les soirs, dans cet appart que je n'aime pas. Je sais que c'est ce soir mais j'essaye de ne pas y penser. Je bois de la vodka dans ma cuisine pendant que j'étends mon linge, une soirée banale en URSS mais triste ici. 23 heures, Uber jusque chez lui. On s'est parlé quelques fois sur Internet, on a échangé quelques photos. Devant son immeuble, dans un quartier que je n'ai jamais traversé. Mon index sur l'interphone. Il me dit, Troisième gauche ! Je ne réponds pas. La porte s'ouvre toute seule avec un petit bras mécanique, je n'ai rien à faire, pourquoi je stresse ? L'ascenseur. Je ne veux pas être essoufflé. Je n'appuie pas tout de suite sur troisième. Je suis bien, j'entends encore la rue, les gens qui rient en terrasse, les voitures. Fais pas ta fillette putain. J'appuie sur le bouton, les portes se ferment. Ça grimpe. Je n'entends plus la rue. Il m'ouvre la porte, la bise. Je suis quand même essoufflé. Il est exactement comme sur les photos mais je ressens l'inverse de ce que je pensais ressentir. En fait, je ne ressens rien, néant. J'ai le sentiment de faire passer un entretien d'embauche à ma sexualité. Il lance un Woody Allen sur sa petite télé posée sur sa petite table basse Maisons du Monde qui a clairement un pied manquant puisqu'il a calé quelques livres en dessous pour ne pas que le tout s'écroule. Je n'ai jamais vu de Woody Allen et je sens que ça va faire trop de choses à découvrir d'un coup. Sa main sur ma cuisse. Je fixe la télé, mais je ne regarde pas le film. J'ai honte. Je trouve tout ça ridicule. C'est moi qui devrais avoir la main sur sa cuisse. Et lui il devrait être une fille qui se met du vernis rouge en ricanant. C'est comme ça que devait se passer toute ma vie. Sa main remonte doucement vers mon sexe. Il faut que je parte. Je me lève tout doucement. Trop doucement, sûrement pour me faire croire que tout va bien. Je vais dans sa salle de bains. Je dis de loin que je vais me doucher, que la journée a été longue. Je peux pas rester là à me faire tripoter par ce pédé. Je me douche comme dans les films, cette fois c'est moi dans le film, tout ça je m'en fous, ça compte pas, c'est un égarement prévu dans le scénario, tout va revenir à la normale dans l'acte III. L'eau est très chaude, de la buée partout. Il entre dans la salle de bains. Il est nu. Il pénètre ma douche. C'est mon endroit et il y entre. Je joue un sourire de connivence pour le rassurer, pour me rassurer. Très vite ma main sur son sexe. Je ne sais même pas comment elle est arrivée là. Je le sens grossir. Pourquoi il n'arrête pas de grossir. Il se met derrière moi. Il est plus grand que moi et plaque son pénis contre mon dos. Je me sens humilié, comme une mauvaise blague de vestiaire devant toute l'équipe de foot. Puis sa main sur le mien. Pas du tout la même sensation que quand c'est la main d'une femme. Là c'est une trop grande main, une main qui fait la taille de ma tête. Je me sens petit. L'eau coule sur mes yeux mais je ne les ferme pas. Rincer ce que je veux oublier, là tout de suite, pendant que c'est en train d'arriver, oublier le présent. Je joue la détente, je joue l'envie, je joue la respiration prononcée pour montrer que j'aime qu'on se caresse.

T'es comédien, tu tournes une scène, ça me va. Mais je ne suis pas là. Je ne suis plus dans cette douche. Je sais pas où je suis, mais ailleurs me va très bien. Sûrement dans le salon, à mater la fin du Woody Allen, pendant que je branle un mec dans la pièce d'à côté. J'étais à peu près en couple avec une fille à cette époque. Sara. Elle s'appelait Sara sans « h », la fille la plus drôle du monde, aux yeux tristes et aux hanches larges. Je rentre chez elle après qu'il a joui et que moi non. Je ne peux pas retourner dans mon appart que je n'aime pas, je ne peux pas être seul. Encore saoul, honteux, je lui raconte ce qui vient de se passer comme une anecdote un peu marrante de mec bourré Ah tu sais quand j'ai bu, je fais des blagues, je danse un peu et je branle des gars dans leur douche haha ! Elle rigole. Je rigole. Un silence. Elle me demande si j'ai aimé Woody Allen. Elle le déteste apparemment. Je dis non pour lui faire plaisir. Je m'endors très rapidement. Je me réveille un bon dix heures plus tard. Longtemps que je n'avais pas autant dormi. Je déjeune, je n'y pense pas. Je travaille un peu, je n'y pense pas. Je vais me doucher, sa bite dans mon dos. Des frissons, du dégoût. Et je suis content que ça me dégoûte. Pendant des mois, cet épisode me rassure. C'est bon, c'est pareil pour moi que pour les autres ! Ça m'a fait gagner une année de plus avec les femmes.

Un an plus tard, je pars à Montréal en plein hiver pour travailler sur mon spectacle. Un pote me prête son appart là-bas. Grand loft sans âme mais avec une baignoire de folie dans la chambre. Moins vingt dehors. Six heures de décalage avec la France. Le soir j'ai personne à qui parler, avec qui discuter. Tout le monde dort à Paris. Tinder. Je parle à des Montréalaises. Je fais à toutes la même blague comme quoi j'étais pas préparé pour le froid du Canada. Avec toutes ça fonctionne mais je n'en vois aucune. Puis je tente Homme et Femme sur Tinder. Pour rire. Pour voir. Parce que pourquoi pas ? J'échange avec un gars quelques soirs de suite. On s'appelle, on parle en anglais. Cette distance me rassure. Ce n'est pas moi qui lui parle puisque je joue au touriste. On décide de se rencontrer dans un bar du centre-ville. Huit minutes d'Uber pour y aller. Huit minutes c'est suffisant pour avoir envie de faire demi-tour, pour se dire qu'une fois c'était déjà assez. Qu'est-ce que je cherche ? Je sais que je n'aime pas les mecs. J'arrive, il est déjà assis dans le fond, il est beau. La bise. Il me dit que je sens bon. Je ne dis pas Toi aussi, alors que je le pense. Il a du vernis foncé sur les doigts, je trouve ça osé mais ça fonctionne. On parle, ça ressemble à n'importe quel verre entre potes. Il est beaucoup plus viril, cool, à l'aise que moi. Je suis jaloux. Il regarde mes lèvres par moments et je crois que j'aime ça. Je regarde les siennes et je suis sûr que j'aime ça mais je remonte vite vers ses yeux. Il s'approche pour me dire un truc sérieux et sa cuisse frôle ma cuisse. J'ai un début d'érection. Deuxième verre. On sort du bar. Il fait froid, je m'en fous. On marche un peu. Je me retourne et je vois que les deux traînées qu'on laisse dans la neige se rapprochent de plus en plus depuis la sortie du bar. Comme des droites convergentes en mathématiques au collège. Il y aura forcément un point de rencontre mais je ne sais pas lequel de nous sera la sécante. J'aimerais trouver la force de le lui dire. On arrive devant chez lui. Je veux lui dire. Il me propose de monter. Je dis Non, allons plutôt chez moi. Je me trouve courageux. Il dit Oui, que c'est un peu con vu qu'on est devant chez lui, mais oui quand même. Uber, huit minutes, on arrive. On entre, il fait chaud, j'avais mis le chauffage à fond. Je lui fais ma blague comme quoi j'étais pas préparé pour le froid du Canada. Il rit, il a un joli rire. Je m'excuse, il ne comprend pas pourquoi. Je l'embrasse. C'est pour ça que je m'excuse mais il ne le saura jamais. J'ai jamais été aussi courageux, je crois même que je suis fier de moi. On va pour prendre un bain à deux. Mon enceinte, « Ivy » de Frank Ocean, comme une évidence. Je suis tellement là. Il n'y a plus vraiment de troisième œil. Tout le reste je n'y pense pas, ce que j'étais, ce que je suis, ce que j'aimerais être, ce que les autres vont penser. Il n'y a que ce mec que j'aime bien qui retire ses vêtements devant moi. Je ne regarde pas. Il me dit J'y vais en premier ? Il entre dans le bain, je ne regarde pas. Je me mets nu aussi. Je sens qu'il me regarde, je prends mon temps. J'entre dans l'eau chaude à mon tour. Puis j'oublie, je le regarde. Longtemps. Je fais croire que je sais faire des choses alors que non par convenance. Et lui me fait croire que je fais bien les choses alors que non par politesse. Lui, il sait tellement bien les faire les choses que j'ai comme l'impression de découvrir le toucher, révélation. Mais je lui fais croire que c'est la norme pour moi, que j'ai l'habitude. On se sèche, on s'endort en cuillère, lui derrière moi, son sexe dans mon dos. Il part au petit matin, je me réveille quand il est en train de lacer ses chaussures. Un baiser. La porte.

Je traîne au lit, fixe le plafond, il fait froid. Je suis fier et frustré, dans cet ordre. Je me lève. J'y pense. Je mange, j'y pense. Je n'arrive pas à travailler. Le soir, je prends un bain, encore. Je mets « Ivy », encore. Et je m'imagine le revoir. J'ai honte. Pas honte d'avoir fait. Honte d'avoir mal fait. De ne pas avoir pu totalement profiter. Je pense à toutes ces années avec les filles où je voulais faire croire aux autres que pour moi c'était pareil. Je plonge la tête sous l'eau. Je me dis que la découverte de sa sexualité ça passe pas par le sexe comme on pense, mais par le cœur.

Quelques semaines plus tard, je suis rentré, je bégaye les larmes aux yeux à mon coloc que j'aime les hommes et c'est Noël.

Devant chez les parents. Je suis habitué maintenant à la maison sans guirlandes. Je n'habite plus ici depuis bientôt trois ans. Pendant le repas j'ai envie de le dire à tout le monde. Je sais que ma mère serait contente, avec elle il n'y a jamais de problème. J'attends le bon moment. Je ne sais pas si c'est pour voler l'attention que j'ai envie de le dire le

24 au soir ? Pourquoi je stresse ? Pendant la bûche, une embrouille. Mon père part dans le garage, mon frère monte dans sa chambre d'enfance. Je le rejoins. On discute. Un silence. Je lui dis Et moi j'aime les hommes au fait. Il rit un peu. C'est pas marrant, ça me ronge, mais je ris quand même. Je me sens nul. Il a décidé pour moi que c'était pas sérieux. C'est à moi de rendre ça sérieux. Sinon ce ne sera jamais pareil pour moi que pour les autres. Je redescends, on ouvre les cadeaux. J'ai reçu une boîte de caleçons, des bouquins et du savon fait maison par ma sœur. On va se coucher. Dans le lit une place que j'ai connu quasiment toute ma petite vie, je me trouve ridicule.

Aujourd'hui, trois ans plus tard, j'ai du vernis sur les doigts. Je n'aime pas ça, mais je m'en fous. Ça dit quelque chose aux autres, un peu. Et ça me dit quelque chose à moi, beaucoup.

Ce qui me manque le plus avec lui c'est quand on allait à Paris tous les deux. Souvent pour un spectacle ou une manif. Je l'accompagnais, il ne me le demandait pas mais me répétait Je vais à Paris, pour que je demande à venir. Le moment que j'attendais c'était le retour. En voiture, sa petite voiture qui chauffe pas, il l'appelait, au volant toujours, lui disait qu'elle pouvait manger sans nous parce qu'on serait pas à la maison à temps. Là, je savais qu'on allait s'arrêter dans un grec porte d'Orléans. C'était notre moment, loin de tout, notre moment dans l'ailleurs, dans l'après. Il me répétait toujours les mêmes conseils : comment bien choisir le restaurant, vérifier la viande, voir depuis combien de temps elle tourne sur la broche. On s'asseyait, dans le fond, j'allais me laver les mains, pas lui. On parlait de la vie. Il m'apprenait et j'écoutais. Souvent ce qui revenait c'était Sinon tu te fais baiser, faut faire attention à pas se faire niquer. Des conseils pour que le monde ne me marche pas dessus, ne me baise pas. Puis les plateaux en plastique rouges arrivaient et on mangeait en silence, sacré, c'était le meilleur moment. Il terminait toujours mes frites parce que j'aime pas les patates. Et puis il parlait avec le gérant qui le trouvait toujours fantastique. Il lui racontait à chaque fois un bout de sa vie et moi j'écoutais. Quand il a été catcheur, ou quand il était conseiller culturel et qu'il a fait une grève de la faim pour protéger les droits de ses collègues, ou quand il était poissonnier et qu'il s'est fait virer parce qu'il glissait toujours une deuxième sardine à la dame qui avait une petite retraite. C'est vrai qu'il est fantastique, toute sa vie ça a été d'aider les autres. Pourquoi j'ai cette haine envers lui ? Je devrais avoir honte.

Il n'y a pas longtemps, en plein hiver, on s'est engouffrés avec un ami dans un petit restaurant sans même regarder où on foutait les pieds. On a commandé ce qui avait l'air le moins dégueulasse et peu de temps après un père et son fils sont entrés pour s'abriter eux aussi de la pluie, trop dense, trop violente. Ils ont commandé deux hot dogs, les ont mangés en silence juste après avoir échangé un regard complice. Et j'ai compris que ça me manquait, qu'il me manquait. Mais j'ai aussi compris qu'il n'avait pas compris. Que le vrai plaisir c'est justement de se faire baiser. De parfois laisser le monde te baiser, dans le bon sens, dans celui du plaisir. Si tu t'accroches, si tu contrôles tout, ça marche pas. J'ai pleuré. Faut que j'apprenne à laisser les choses rentrer, à être plus passif dans mon rapport à la vie, je me disais ça. Apprendre à être vécu. Mon ami m'a demandé si tout allait bien. Le froid, j'ai répondu, C'est le froid qui me fait pleurer.

Qui sent la pisse ?

Je me souviens jamais de ma taille de pantalon, je scrolle pour arriver aux pulls. Il va faire froid cet hiver, je veux des pulls, même ceux qui grattent, m'en tape.

Il fout quoi, ça va bientôt faire deux heures.

Est-ce que je l'achète. Je vais sur mon application bancaire, y a plus de code maintenant, c'est un scan de la tête, baisser le masque pour que l'application me reconnaisse, remettre le masque pour pas que la dame de l'accueil me regarde mal. Et parce que ça sent la pisse aussi. Je peux pas me permettre un pull à ce prix, mon loyer bientôt, je le prends quand même, je me fais croire que j'en ai besoin, il va faire froid, toujours plus froid. Deux heure et demie, c'est n'importe quoi.

La Vie a un énorme souffle au cœur. Il me dit qu'il sent une pression dans la poitrine. La pression, ça arrive à tout le monde, désolé, c'est juste ton tour, puis ce sera à quelqu'un d'autre, j'ai pensé.

Il va se coucher tôt, je le rejoins quelques heures après, il n'a pas fermé les yeux, il se contorsionne, en boule, se replie sur lui pour disparaître, pareil que les escargots que je jetais sur la grille du barbecue quand j'étais petit.

On appelle un médecin, à sa voix je sens qu'il a une grosse barbe, dit que ça peut être grave, ou pas grave du tout, on l'attend, dans une heure il est là. Je me dis que ça me laisse le temps de ranger. Dans le salon le linge étendu, de la bouffe à droite à gauche, des assiettes empilées, je savais pas qu'on en avait autant, des cendriers improvisés au bord de chaque meuble, un drap couleur moche qui sèche accroché à la barre des rideaux. Soit grave, soit pas grave, c'est un peu con, autant ne rien dire. Peux pas laisser l'appartement comme ça pour le médecin, la honte, qu'est-ce qu'il va penser.

La Vie me dit qu'une heure, il ne tiendra pas. T'en rajoutes, ça va passer… Toujours en boule mais dans le canapé maintenant. Je l'ai sorti de la chambre parce qu'il faut que j'efface les traces de notre hibernation là-bas aussi, sais pas où il va l'ausculter moi. Il me regarde ranger de loin et je le regarde s'estomper, ça le rassure que je sois spectateur de sa souffrance, il veut que je lui dise que tout va bien se passer.

Parfois j'ai l'impression d'être un de ses deux parents, l'autre s'est barré, je l'éduque seul.

Tout va bien se passer.

Il bondit, met ses chaussures, Je vais aux urgences, c'est pas possible, on appellera le médecin dans la voiture pour l'annuler.

Je termine de plier les T-shirts, j'ai rangé pour personne, je mets mes chaussures, je prends un bouquin pour faire comme elle quand elle nous accompagnait à l'hôpital ou chez le docteur, Uber, onze minutes, je savais pas qu'il y avait un hôpital aussi proche, il fait tellement froid.

Portes automatiques qui s'ouvrent si lentement que t'en oublies ton urgence. On avance précautionneusement vers la fameuse dame de l'accueil, qui est apparemment là pour tout sauf pour que tu te sentes bien accueilli.

Ça sent la pisse.

Pièce d'identité. Oui, permis c'est pareil.

Adresse. Je peux donner la tienne ? qu'il me dit.

Carte Vitale. Il tapote ses poches et me regarde, Mais pourquoi est-ce que j'aurais ta carte Vitale ?

Asseyez-vous là-bas, on vous appellera.

Dix personnes avant nous, ça va être génial. On attend comme des cons.

Il devient de plus en plus livide, la douleur le tord, plus de colonne vertébrale, je crois qu'il n'en rajoute pas. Un truc bascule en moi quand je pose la main sur son cœur. Bat tellement vite qu'on dirait qu'il ne bat plus. D'un coup, j'aimerais faire une scène, me lever et hurler On ne peut plus attendre, c'est grave !

Apportez un brancard, tout de suite ! Mais non, je ne sais pas faire, j'en mourrais, et là c'est lui qui meurt.

Tout va bien se passer.

Son nom est appelé, on bondit tous les deux. Infirmier qui a bu trop de café dans sa vie, les mains très poilues, Vous ne pouvez pas entrer monsieur, je vais juste l'examiner pour déterminer la gravité de son cas.

Je fais un pas en arrière, je les laisse tous les deux dans cette salle d'examen orangée aux posters anti-drogues, j'attends derrière la porte, sa vie entre les mains poilues du monsieur en blouse bleue maintenant.

— Décrivez-moi ce qui se passe, ce que vous ressentez ?

J'écoute discrètement, toujours derrière la porte. Il n'arrive pas à expliquer, n'a pas les mots à la hauteur de sa douleur. Et sans les mots elle n'existe pas cette douleur.

« Rajoutes-en à chaque fois ! Si tu dois y aller un jour, t'en rajoutes pour qu'ils te prennent tout de suite ! » C'est ce que ma mère me disait toujours quand on passait devant l'hôpital en voiture.

Mon oreille collée à la porte, le tympan quasiment sur le contreplaqué.

Je suis frustré, je sais décrire moi, je pourrais aider si j'étais de l'autre côté. Je ressens peu, mais le peu que je ressens je passe mon temps à le décrire, pour les autres, par les autres, pour moi. J'envoie, ça rebondit, ça me revient, circuit court.

Ça m'émeut qu'il n'arrive pas à s'expliquer, je l'envie bêtement, j'aimerais ne pas savoir non plus. Trop se savoir c'est parfois s'oublier. C'est un truc de mourant de passer son temps à détailler son intérieur aux autres.

L'infirmier ouvre la porte, il bouge trop, je n'arrive pas à lire son nom sur le badge, il a mis des gants, ses poils sont comprimés entre sa peau et le latex mais ils sont toujours là, je les vois, j'ai l'impression qu'ils sont dans ma bouche ses poils, tellement je ne vois que ça. Il dit avec un empressement qui ne me rassure pas qu'il va lui faire prise de sang, radio et électrocardiogramme avant que le médecin passe le voir, que c'est peut-être dangereux aussi parce que son bras s'engourdit. Je sais que La Vie n'a pas dit engourdi, j'écoutais, ce mot vient de l'homme en blouse, il a décidé à sa place que le terme exact serait « engourdi ».

Il l'emmène sur un brancard en pressant le pas, gueule à d'autres infirmiers de le rejoindre, faut badger, ça a l'air grave, une porte en verre, je les vois disparaître dans le mystère bleu de cet hôpital froid. Toujours badger, toujours plus de gens qui se ramènent en courant, toujours plus de portes automatiques, plus lentes les unes que les autres, plus lentes que l'hiver. Plus un bruit.

Je m'assieds, je vais attendre longtemps. Mon bouquin *L'Œuvre d'art et ses intentions*. Je suis en train de mourir, ce n'est pas lire un bouquin sur l'art qui va m'aider. Mon index comme marque-page, un regard discret autour. Un homme très agité, très sportif, très grand, trop en vie, trop en contraste avec nous tous. Il ne porte que du noir, même les chaussettes, même les pupilles. Sûrement une envie d'absence de look. Ça a l'air quand même très travaillé comme absence, même son caleçon doit être noir. La bosse de son jogging me saute aux yeux, il ne porte pas de caleçon. Il fait des allers-retours entre nulle part et nulle part. Il tient dans ses bras un paquet d'un kilo de bonbons Haribo, les Carensac, ceux qu'on détestait quand on était petits, ceux qu'on triait, les traîtres, colorés mais quand même à la réglisse. Maintenant j'aime la réglisse, maintenant je suis un adulte. Il va les offrir à un enfant ? Pourquoi il n'a pas mis de caleçon ? Pourquoi est-ce qu'il a appelé d'autres infirmiers ? Qui sent la pisse ?

Tout va bien se passer.

Je prends des notes sur mon portable pour écrire plus tard. Il est peut-être en train de faire un infarctus et moi je prends des notes.

*L'Œuvre d'art et ses intentions*, j'ai honte de lire ça, là, maintenant, mais je n'ai plus assez de sous pour acheter d'autres pulls en ligne. Certains artistes ont développé des techniques de peinture pour être encore plus fidèles à la représentation réelle du monde, celui qu'on capte avec nos yeux.

Par exemple, de Vinci a compris au bout d'un

moment qu'il ne fallait pas que les contours de ses protagonistes soient précis et nets. Qu'un léger flou les entourant les rend bien plus réalistes, bien plus vivants.

C'est ça mon problème, je veux trop que mes contours soient nets, écoute de Vinci connard. Je ne suis pas la représentation la plus réaliste de moi-même, encore qu'un croquis, que des traits préparatoires. La perfection du détail c'est la mort. Pourquoi tu dois toujours tout ramener à toi ?

C'est ça que j'aime le plus chez La Vie, ses contours sont si flous qu'on dirait qu'il n'en a pas, il n'y a pas de frontière entre lui et le reste du monde, tout rentre, tout sort.

Je crois savoir ce qui lui arrive, son truc au cœur. C'était aujourd'hui qu'il signait le bail de son appartement, son premier appartement. Son cœur qui lâche c'est l'enfant qu'il est qui meurt, pour laisser place à l'adulte qu'il devrait catégoriquement refuser de devenir. Il faut vite que je lui dise d'annuler son bail, c'est plus urgent que les urgences. Il faut que je lui dise qu'il doit continuer à vivre chez ses parents, que je suis prêt à donner un rein à l'homme habillé en noir pour revivre les petits déjeuners avec ma mère, l'odeur de ses tartines qu'elle faisait trop griller, des miettes de pain qui s'enfonçaient dans mes avant-bras parce que Ici on met les bras sur la table pendant qu'on mange ! Prêt à donner un œil pour la voir à nouveau verser discrètement la moitié de mon bol de lait dans l'évier parce qu'il avait décidé qu'on devait en boire un entier chaque matin même si on n'aimait pas ça. Prêt à donner un bout de mon cœur pour revivre l'urgence avec laquelle je mangeais, tout pour terminer le petit déj avant qu'il mette sa cravate, parce que après la cravate il mettait son eau de Cologne, et après ça c'était foutu. T'ouvrais la bouche, tu bouffais du parfum. Après son départ, parfois, elle ouvrait les fenêtres. Je serais prêt à donner ma vie pour revoir leur petit bisou rituel avant qu'il parte au travail. Il se penchait doucement dans le vide, face à la porte du couloir. Elle savait que c'était le moment, elle arrivait, se mettait face à lui, se redressait un peu, chacun faisait sa part du chemin, et leurs lèvres se collaient pendant à peine une demi-seconde. Puis sans un mot il ouvrait la porte, et elle la refermait derrière lui en disant Bisou ! Une pièce de théâtre bien rodée.

Bientôt cinq heures… On dirait une blague, ils sont partis en courant et plus aucune nouvelle, putain. Cinq heures, c'est la durée du concours pour devenir médecin non ? Comme ça il pourra lui-même se diagnostiquer.

Tout va bien se passer.

La Vie ne peut pas mourir. Déjà le père qui est en train de crever, trop près du vide là, fais quelques pas en arrière, j'ai besoin de temps encore, juste un peu.

Parfois, mon plus gros souci de toute la journée c'était de terminer ce bol de lait. Je le haïssais de me l'imposer, surtout qu'il n'en buvait pas, lui. Il me disait toujours T'en rajoutes quand j'avais des remontées. Je me souviens encore de la peau fripée à la surface du bol le jour où je l'ai laissé trop longtemps au micro-ondes, il me regarde, j'avale en fermant les yeux. Il retourne se préparer. La peau fripée remonte doucement dans ma gorge, j'en peux plus, je donne un coup dans le bol, pas un geste rebelle, je n'étais pas un enfant rebelle, juste un geste, pas de plan, juste mon bras qui s'est tendu et le lait renversé sur la table. Je me souviens du regard qu'elle me porte, un regard de peine. Lui qui revient, qui comprend, qui va vers l'évier, calmement, qui prend une éponge, qui la rince, qui revient vers moi. Qui passe l'éponge sur la table, qui l'essore dans mon bol, encore et encore. Je me souviens du silence, elle lui marmonne juste quelques mots comme Arrête, c'est pas grave, ressers-lui-en un à la limite. Lui ne répond pas, elle se lève, il s'assied face à moi et me regarde boire cette mixture dégueulasse.

C'était mon seul souci de la journée ce bol de lait. Rien de bien méchant quand je l'acceptais. Je passais à autre chose. L'école, repérer mes boutons pour savoir quelle zone de mon visage je pouvais exhiber, et quelle zone je devais cacher sous ma main ou en tournant la tête de sorte à toujours les laisser dans l'angle mort des autres. Les devoirs, une poésie à lire aujourd'hui, prends une voix grave. Je naviguais en eau tiède, quel luxe, ça me manque, les soucis me manquent. Le mot c'est ça, « soucis », c'était délimité. Il m'engueulait, parfois elle aussi, et c'était terminé, je passais à autre chose, un souci laissait place à un autre et ainsi de suite jusqu'au dodo. Maintenant c'est les problèmes, c'est pas pareil, ça cohabite les problèmes, ça se met en coloc, parfois ça baise ensemble, jusqu'à créer un nouveau petit problème que t'avais pas vu venir. Maintenant c'est mon adresse à moi qu'on donne à la dame de l'accueil, c'est moi qui lis un bouquin dans la salle d'attente, et c'est moi qui dois dire que Tout va bien se passer, alors que je n'en sais rien, putain.

Pourquoi elle lui disait Bisou ! alors que c'est ce qu'ils venaient de faire ? Elle le disait fort, on aurait pu croire que c'était machinal, depuis le temps, comme jeter un pot de yaourt vide à la poubelle, mais il y avait toujours une petite fierté, un sourire subtil. Elle répétait à la rue tout entière ce qu'ils venaient de faire, s'embrasser comme un mari et une femme sont censés faire le matin, tout pareil que les autres.

Je pense qu'il s'est mis une balle, l'ancien locataire de l'appartement que La Vie va habiter dans quelques semaines. Médecin, assez riche, une femme, une fille, ils habitaient à quelques pas de la tour Eiffel.

Quand La Vie l'a visité, il m'a raconté qu'il y avait plein de sacs-poubelle dans l'entrée. L'agent immobilier lui a expliqué que suite au départ de sa femme, et donc de sa fille, l'ancien locataire avait tout simplement tout arrêté, s'était enfermé, trente-six mille euros de loyer impayé. Elle a beaucoup insisté là-dessus je crois. Un jour plus rien. Il a remboursé ses retards qui n'en étaient plus vraiment à ce stade, puis plus aucune trace, il n'était plus là, ailleurs peut-être. En tout cas loin d'ici, loin des clignotements périodiques de la tour Eiffel. Il a tout laissé, parti comme ça.

L'appartement a convenu à La Vie, il a dit à la dame de l'agence qu'il le prenait, avec son ami, ce sera son colocataire, il est gay aussi, je me dis que c'est bien qu'il ait des amis gays. Semaine prochaine, j'envoie des gens pour tout vous nettoyer, on jettera les sacs-poubelle, a-t-elle promis. Il aurait les clés une fois le bail signé et dans quelques semaines les travaux de réaménagement seraient terminés !

Cet après-midi, entre la signature du bail, la dispute avec son cœur et les urgences, il m'a fait visiter l'appartement. Une cheminée, un balcon, de grandes fenêtres, du double vitrage, un parquet magnifique, il fait chaud, on se sent bien, le soleil d'hiver tape sur les murs, ça renvoie des couleurs d'époque sur son visage, on se croirait dans un film de Jean-Pierre Jeunet. Effectivement on voit bien la tour Eiffel qui s'enfonce dans les nuages, on ouvre les sacs-poubelle ?

Des assiettes, un saladier en cristal, vu que ce sera jeté, autant les garder.

Des couverts, une photo de sa fille en salopette, la carte d'identité de sa grand-mère, née en 1906, son permis, ses diplômes de médecin, il était ORL, ou est toujours ORL, on ne sait rien. Ses permis de chasse, des bouteilles d'alcool, beaucoup de bouteilles, des socles en bois blanc pour tenir les œufs à la coque, un permis de port d'armes, des relances de la banque suite à un prêt non remboursé, une photo de sa fille avec lui cette fois-ci, les mêmes yeux, des relances pour le loyer, l'acte de décès de sa mère à lui. La carte de visite des pompes funèbres, basées à Nice, je me dis que c'est marrant un métier comme ça à quelques mètres de la plage. Encore quelques sacs, des bouquins sur l'art, des photos de Picasso signées par le photographe, je regarde, ça vaut trois cents balles sur eBay. Des notes qu'il a prises sur un petit papier à carreaux, il y a répertorié ses vins préférés, il écrit bien. Une lettre de sa fille, devait avoir huit ans, écrite en gros au début puis en petit, tout agglutiné à la fin, sinon ce qu'elle voulait lui dire ne serait pas rentré en entier. À cet âge-là on ne sait pas encore que les mots prennent de la place. Ça commence par Coucou papa, j'ai arrêté de sucer mon pouce. Je m'arrête, je ne peux pas, c'est entre elle et lui, sûrement entre elle et elle maintenant, on n'en sait rien.

Ça m'horrifie, l'impression d'avoir trouvé le corps de ce monsieur découpé en morceaux dans ces sacs-poubelle. Toute une vie dans onze sacs-poubelle noirs. Je referme la lettre et la remets délicatement au fond… Je continue, comme au bingo, quel sera le gros lot ? Une photo de sa mère, bien en vie, bien droite devant une bien belle maison aux allures médiévales. Me dis qu'il a sûrement remboursé les trente-six mille euros de loyer avec son héritage, qu'après sa femme, sa fille, c'est sa mère qui est partie, ressemble à une malédiction, il ne voulait sûrement pas de cet héritage de toute façon, pour quoi faire, quand, quels projets, avec qui ?

On ne peut pas jeter ça, on dépose dans un coin les papiers de sa grand-mère, de sa mère, les lettres, les photos. Sans ça on les condamne à l'oubli, au feu de la déchèterie. Peut-être qu'il refera surface, que la lucidité lui donnera envie de reprendre le cours de sa vie poubelle, qu'il a juste mis pause pendant quelque temps, mais que le film l'intéresse encore.

Peut-être aussi qu'il est mort. Qu'il s'est mis une balle. Un petit truc rond qui ressemble à n'importe quel point à la fin de n'importe quelle phrase.

Je pense à ce monsieur. Il avait l'air un peu trop coincé, un peu trop à droite, un peu trop fan de la chasse et de Séguéla à mon goût, mais il s'est laissé mourir d'amour. Je souris de me dire qu'on peut s'abandonner pour l'amour, cette info se diffuse dans mes veines, comme une perfusion d'eau chaude, de mes oreilles à mes orteils. L'amour qui brise, qui broie, qui brûle, c'est possible, ça existe, maintenant j'en ai la preuve, pas que dans les films. T'en seras capable, ça viendra, tu verras quand t'auras un gosse que je me dis.

Attendre de le savoir en vie dans cette salle froide aux néons vifs, ça me susurre à l'oreille que je l'aime. Pourquoi je ferais des trucs qu'on fait pour ceux qu'on aime si je l'aime pas, comme rester cinq heures sur une chaise en fer qui penche, inconfortable, sans accoudoirs, construite spécialement pour ne pas qu'on s'endorme tellement c'est dur et tellement je glisse dessus.

Je crois que je fonctionne comme ça, je dois me prouver que je l'aime, avant même de le penser, de dire la phrase dans ma tête. Ces mots sont nuls, « je t'aime », c'est nul. Tout le monde le dit, ça n'appartient même pas à celui qui le dit, ça appartient aux films romantiques, aux séries sur les lycéens, aux chansons d'amour, ça appartient à Cabrel « Je t'aime ». Trop de sens a été injecté là-dedans, trop d'histoires qui commencent ou se terminent avec ce petit bout de phrase, et je suis censé le dire moi aussi ?

Quand j'étais petit je m'amusais à vider un mot de son sens en le répétant plusieurs fois, Glaire, ou

Étoile, ou Shampooing, shampooing, shampooing, shampooing, shampooing. Voix haute, en boucle, jusqu'à ce que ça ne soit plus que du bruit. Je ressens ça avec Je t'aime, du bruit.

L'ancien locataire a dû le dire aussi, et il s'est sûrement tiré une balle dans le crâne en y repensant. C'est ce qui est dur avec ces quelques mots très courts, souvent on les balance sans préciser leur étendue, on lance un voile dentelé qui retombe doucement sur le restant de la vie, tout ira bien, il m'aime, vient de me le dire, le restant de mes jours recouvert de dentelle. On ne précise jamais que ça ne va sûrement pas durer, rien ne dure. Mais non, une étiquette, discrète, au dos de ces quelques mots très courts « pour toujours », pas de date de péremption, pourtant l'amour ça périme, enfin je crois, j'en sais rien, suis trop jeune peut-être. J'ai l'impression que l'amour ça finit toujours par disparaître et qu'on doit continuer pendant un moment à jouer sa présence parce qu'on l'a dit ou parce qu'on a encore envie de croire qu'il va revenir. Parfois il ne revient pas, ça me terrifie, peux pas le dire, comment laisser consciemment une place à ces quelques petits mots alors que je sais que ça finira par me glisser entre les mains.

Je n'y crois pas, c'est pas nécessaire. Trop réducteur pour exprimer ce que j'aimerais exprimer. J'aimerais ne rien dire d'ailleurs, ça brise de dire. À force de décortiquer la bête, on finit par la tuer, je me répète ça quand ça m'arrange.

Je suis sûr que beaucoup de gens le disent et le pensent après. Ils ressentent un petit quelque chose dans le ventre, comme La Vie a ressenti un petit quelque chose dans le bras. Et le Je t'aime arrive très vite, une évidence, comme l'infirmier qui dit que ce sera Engourdi le mot, et que du coup c'est sûrement grave son souffle au cœur.

Moi j'ai besoin de faire des trucs que les gens amoureux font dans les films pour me dire que je le suis.

Une de mes premières copines à Paris, cinq ans de plus que moi, magnétique, un regard qui sent la confiance, le sarcasme, et le cul.

Un matin, j'ai sonné chez elle, complètement nu avec un paquet de croissants devant la bite. Mon cerveau a effacé la réaction qu'elle a eue en ouvrant la porte, tout ce que je sais c'est que quelques jours plus tard elle me trompait avec un de mes collègues de la télé.

Je l'aimais, je le sais parce que je me suis déshabillé dans un couloir tout triste à 8 heures du mat pour elle, c'est évident que je l'aimais et elle m'a trompé avec mon cadreur. Ça ne m'a pas fait grand-chose de l'apprendre, j'ai juste arrêté de la voir.

Un soir, seul dans mon lit, j'ai essayé d'imaginer ce qu'ils avaient bien pu faire dans son lit à elle, quand je n'étais pas là, est-ce que c'était pareil qu'avec moi, mieux ? Je n'étais pas jaloux, pas enragé, j'essayais juste d'imaginer le plus de détails possible, la seule émotion qui me traversait c'était la frustration, je n'aurais jamais la réponse.

Deux ans plus tard, je l'ai croisée devant une boîte à Cannes, elle faisait la queue avec une amie. Elle m'a intercepté, on passait devant tout le monde comme des beaux connards. On était avec un ami qui était sur la liste ou qui était pote avec le mec qui mixait ou je ne sais plus trop ce qui faisait qu'à cet instant précis on était plus importants que les autres et donc on n'allait pas faire la queue. Je me souviens de sa main qui m'attrape le bras comme si c'était du passé tout ça, qu'elle ne m'avait jamais trompé, elle me dit que je lui ai manqué, elle me demande si elles peuvent entrer avec nous. Je réponds oui, elles n'ont qu'à nous suivre. À l'intérieur, je ne bouge pas, droit, alcoolisé, apeuré, je la regarde danser et je regarde aussi tous ces mecs qui la regardent danser. Ça m'énerve et m'excite en même temps, je ne sais pas encore à cette époque. Je lui glisse à l'oreille que je vais rentrer à l'hôtel, je suis crevé, qu'elle peut venir si elle veut. Elle me dit que si elle vient, il faudra qu'elle passe la nuit avec moi car c'est sa coloc qui a les clés de leur appart et qu'elle pourra pas l'appeler pour les récupérer si au final sa coloc non plus ne dort pas là-bas et je ne sais plus quoi. Je ne l'écoute pas, je me rappelle juste le son de sa voix humide dans mon oreille toute chaude, et surtout le regard des mecs autour pendant qu'elle me parle dans l'oreille, son bras autour de mon cou. On marche en silence, il fait frais, on arrive dans la chambre, on se douche, toujours le même regard que je connais par cœur, on baise, certains réflexes reviennent vite, d'autres moins, elle sent la clope, sûrement moi aussi alors que je ne fume pas encore. Je jouis, elle non. Serviette, elle se brosse les cheveux, on tire la couette que le service de chambre a emprisonnée sous le matelas, on s'y glisse, tout ça en silence. Je la regarde. Je me souviens du petit tas de vêtements posés dans son couloir quelques années plus tôt, de moi qui tire sur mon pénis parce qu'il fait froid. Me souviens de mon doigt qui hésite à taper sa sonnette, ça sent les croissants chauds et le curry, un des voisins a dû cuisiner hier soir. Je ne me souviens pas de sa tête, pourquoi je n'arrive pas à me souvenir de sa tête quand elle ouvre la porte ?

Je la regarde toujours, elle est sur son portable. Ça sort tout seul, plus fort que moi :

— Tu peux pas dormir ici en revanche.

— Mais je t'ai dit que si je venais fallait que je dorme ici.

— Désolé, j'avais pas compris, tu peux pas dormir ici.

— Mais je vais aller où ?

— Je ne sais pas.

Elle me regarde, je me souviendrai de cette tête, l'oublie pas celle-ci. Je la raccompagne à la porte. Pas de mot doux, pas de sa main sur mon bras. Je ferme la porte, en disant Bisou !, réflexe.

Je l'entends marcher lentement dans le couloir, je me colle à la porte, elle appelle l'ascenseur. J'ai juste envie d'ouvrir, de l'inviter à dormir, et de me coller en cuillère derrière elle. Mais je ne peux pas, il ne faut pas, tu ne l'aimes plus, tu le sais parce qu'elle t'a trompé, on n'aime pas les gens qui trompent, c'est comme ça dans les films, les portes de l'ascenseur se ferment.

Apparemment quand l'ancien locataire a mis les voiles après avoir fait son virement de trente-six mille euros, l'appart était dans un état dégueulasse. C'est étrange, je me dis que c'est exactement l'histoire inverse de ma grand-mère. Un matin d'été, elle s'est levée, elle est sortie dans le jardin, a retiré toutes les mauvaises herbes, taillé les buissons, replacé les cailloux qui s'étaient faufilés hors du chemin de gravier, a sûrement dit bonjour à un voisin qui passait une tête. Elle est rentrée, a tout rangé, la serpillière, repassé les torchons, s'est lavée, a mis une jolie robe, sa préférée. Elle a refait son lit, avec soin, s'est allongée, a avalé beaucoup trop de médicaments. Et elle est morte. Elle a laissé son corps, bien en évidence, en plein milieu de la maison parfaite. Elle a utilisé sa dernière journée à ranger, à nettoyer, à effacer. Je me suis toujours demandé pourquoi. Est-ce que même à ce moment de notre vie on se demande ce que les autres penseront en nous voyant ? Même mort, on doit rendre des comptes.

Maintenant que je comprends que c'est sûrement d'elle que je tiens mon trait dépressif bien lourd, je me demande si elle a rangé avant de se tuer ou si elle a essayé de ranger pour ne pas se tuer, mais qu'elle a échoué. Cette question me titille parfois quand je n'arrive pas à dormir. Quand ça va mal, moi je range.

L'ancien locataire, c'est l'inverse, maison dégueulasse, mais pas de corps. Le doute, peut-être qu'il voulait laisser le doute. Tant qu'il y a un doute, tu restes vivant. Tant qu'il y a un point d'interrogation derrière ton prénom, c'est que tu n'es pas mort. Je comprends. Le point final ça fait peur. Ça me paraît tout à fait normal de laisser sa vie couler encore un peu chez ses proches comme un robinet qui fuit.

Cinq heures et demie. Une rage grimpe en moi, j'en peux plus, je vais hurler je crois bien, y a rien d'autre à faire, je les comprends les fous qui hurlent dans la rue, ils n'ont rien d'autre à faire. Et là je le vois revenir, tout penaud, comme si de rien n'était avec des papiers et tout. Apparemment ce n'est pas grave ce qu'il a. Enfin ça aurait pu l'être mais ils ont vu qu'en fait non, je ne comprends pas, mais il va bien.

En rentrant à pied, en silence, au petit matin, avec La Vie après les urgences, je pense qu'être assis sur du métal douloureux à attendre des nouvelles de son cœur de la part d'un infirmier à la pilosité fournie, ça sonnait comme un déjà-vu d'un truc que je n'ai pas encore vu. Dans quelques années, quelques mois qui sait, je serai dans la même position, au milieu de la même odeur de pisse, à attendre de savoir si son cœur de soixantenaire qui a vécu trop intensément a lâché pour de bon.

Vois ça comme une répétition au théâtre, tu seras mieux préparé, tu paraîtras plus digne. Mon prof de théâtre m'a dit l'autre jour que pour se préparer à jouer une scène déchirante, dramatique à souhait, il fallait la répéter des deux côtés de l'échelle des possibles. D'abord très à l'intérieur, rien ne sort, tu serres les dents pour parler, et ensuite tout à l'extérieur, tu pleures comme une veuve italienne, tu te jettes au sol, tu te consumes, tout ton corps est triste à en mourir. Tu seras sûrement mal à l'aise d'interpréter ces deux versions, tu auras sûrement honte parce que ça sonnera faux, mais au moins tu connaîtras les limites, le minimum et le maximum de ton curseur. Ça te permettra d'être à l'aise, d'être ancré dans une zone délimitée par ces deux frontières que sont l'intérieur et l'extérieur.

Il y a quelques minutes, dans cette salle d'attente gris néon, c'était très intérieur, peut-être trop… Il aurait fallu que j'essaie de pleurer, de demander de ses nouvelles à la dame de l'accueil, de poser mes genoux au sol pour lui demander si je pouvais le voir dans sa chambre. Il aurait fallu que je teste mon autre limite oui, si je veux être digne le vrai jour venu.

Le père qui meurt… J'ai du mal à voir comment ça pourrait me détruire mais c'est justement quand j'ai du mal à prévoir les coups que je m'en prends.

On ne va rien résoudre, je le sais déjà. La scène de rédemption avec le tube respiratoire dans le nez et les violons en fond c'est dans les films, c'est pas pour nous, inaccessible.

Promets-toi que tu vas continuer d'essayer, que tu vas passer plus de temps à la campagne, à le regarder réparer une horloge ou un radiateur en silence.

Ça m'énerve déjà. Je sais que je vais pleurer. Rien de cela n'est concret mais c'est d'une évidence ridicule, quasi chiante. Pleure pas. Je fantasme une libération qui n'aura pas lieu, parce qu'elle ne peut se faire qu'à deux et qu'on ne sera plus qu'un. Je perçois juste de la peine, dans mon angle mort mais je la sens déjà, celle d'avoir loupé une réconciliation qui paraissait si facile sur le papier. Et qu'on ne pourra donc plus jamais tenter, je lui en veux. Un traité de paix, un bout de papier inapplicable, qui ne restera qu'un fantasme. Entre nous, il n'y a jamais vraiment eu de guerre, jamais eu l'intention de profondément blesser l'autre, dans la chair, mais du mal on s'en fait parfois, malgré nous. C'est plus une guerre froide, on cherche à s'impressionner, à prouver que c'est moi qui attraperai la lune en premier, non c'est moi. Triste car débile, on est la même personne et on est trop fiers pour l'assumer, on le sait, mais plutôt crever que de se le dire. Alors je vois juste la peine me frapper la nuque comme un adoubement, j'aurai perdu d'avoir gagné.

On rentre à l'appartement, il est tout propre, j'avais bien rangé. Il s'endort tout de suite, je le regarde, on dirait un enfant. Je suis content qu'il aille bien. Je le fixe et me dis que rien ne compte dans la vie à part être enfant et avoir un enfant. Le reste c'est du remplissage, le reste c'est du crayon de couleur qui ne doit pas dépasser. Le reste c'est onze sacs-poubelle.

Je sens encore la pisse alors qu'il y a plus de raison, c'est mon cerveau qui me joue un tour. Je le regarde et je me dis Sans ton passage à l'hôpital je n'aurais pas pu savoir que je tenais à toi. Et je n'aurais rien eu à écrire. Je m'imaginais déjà être veuf et sortir des textes, des poèmes, des chansons qui racontaient ce que tu étais. Tu n'es pas mort, mais je l'ai senti. Ça m'a fait du bien de le sentir.

Je pense au *dilemme du hérisson*. C'est de Schopenhauer, le gars qui m'a coûté un point au bac de philo parce que j'ai mal écrit son nom. Connard d'Allemand. Ma prof de philosophie m'en avait parlé pendant la récré, et m'avait dit Je ne sais pas pourquoi mais je sens que ça te servira dans la vie. Je l'avais oublié et c'est en voyant mon père essayer de dresser des hérissons dans le jardin un soir où je n'arrivais pas à dormir, alors de passage dans la maison familiale, que ça m'est revenu. Quand les hérissons naissent, leurs pics sont mous au début. Leur défense n'est pas au point, ils sont fragiles. Ils durcissent assez lentement et leur premier hiver peut leur être fatal à cause de l'hibernation. S'ils se collent à leurs proches, ils se feront piquer et mourront d'infection. Et s'ils se mettent trop loin, ils mourront de froid. La survie du jeune hérisson va dépendre de sa capacité à trouver la bonne distance. C'est ce que je cherche depuis qu'il m'a dit qu'il allait mourir, la bonne distance. Jusqu'à mes quatorze ans, en gros jusqu'à ce que je comprenne comment on se branle, j'étais trop proche de lui, je voulais être lui, et ça m'a piqué bien salement. Et puis j'ai tout coupé, je m'en foutais totalement, et dès que j'ai quitté la maison pour Paris j'ai décidé de ne plus prendre de nouvelles. J'ai eu froid. Maintenant qu'il a jeté cette carte fatale du Je vais bientôt crever, je me rapproche, avec précaution, je sais qu'il me pique, il faut que je trouve cette bonne distance, vite, avant qu'il ne meure.

C'est ta faute, à ce moment précis, je t'en veux.

Avec La Vie, on s'était dit qu'il fallait faire le point et je déteste « faire le point », je ne sais jamais quoi dire, sauf si c'est un projet professionnel.

Il m'a demandé s'il avait le droit de me prendre dans ses bras, évidemment, j'en meurs d'envie aussi.

On se pose dans un bar, terrasse, on demande la table exilée, à droite, face à la rue, mes jambes dans la même direction que les siennes, mon torse dans une étrange perpendiculaire au sien.

La rue est sombre de notre côté, il y a un lampadaire cliché, celui qu'on voit dans les films américains, quand les héros viennent raviver leur amour à Paris. La douche de lumière lui prête une aura qui ne va pas m'aider. Ça détoure ses yeux, ça saupoudre son visage de petites larmes de clarté. Il est beau, il me nargue. Je le regarde, l'écoute, mange un peu, respire, touche son épaule quand je sens que c'est dur pour lui. Je me demande s'il fait exprès de détourner le regard quand ses yeux perlent, pour alourdir le drame de cet échange. Il est bien plus mature que moi là-dessus et je suis jaloux. Il a les mots justes, il les a sûrement récités intérieurement mais je vois qu'il les entend sortir de sa bouche pour la première fois, et c'est dur. Je me cristallise, entre le mur, ses jambes et la table. Je sens que ça grimpe mais je me concentre, je regarde au loin, respire, il continue. Et puis c'est à moi, je le sens, il me regarde. J'aimerais qu'il ait Alzheimer et que je puisse tout simplement répéter tout ce qu'il vient de dire. Je commence, je brode, je lève un sourcil, puis l'autre, il faut que je mette le paquet. Je joue. C'est le moment, j'arrive à le dire et d'un coup, la boule. Fond du ventre. Ça remonte vite. Envie de vomir. J'arrête de parler. Ça remonte encore. Les yeux. Je pleure d'un coup sec. Ma mâchoire jusqu'alors contractée lâche d'un coup, la ligne de mes lèvres s'inverse, je baisse la tête par réflexe, comme pour éviter un coup, ça coule sur mon T-shirt. J'ouvre les yeux, c'est flou, je les ferme, la honte. Il y a des gens autour. Il pose la main sur mon épaule, j'aimerais la repousser violemment, je veux juste disparaître, je deviens un monstre. Mon nez coule, je prends la serviette et la mets devant ma tête, personne ne doit voir. Je me lève, pars aux toilettes. Mes jambes ne vont bientôt plus suivre. Je ferme le verrou, m'assieds. Une image arrive sans prévenir, d'il y a trois ans. Juste sa main qui s'approche de ma cuisse avec tendresse et qui se rétracte d'un coup sec, avec virilité, quasi avec dédain.

C'était la première fois qu'on se voyait. Ça faisait des mois qu'on se parlait sur les écrans. Lui à Tokyo, moi à Paris. Très vite, il me dit que les mecs c'est pas son truc du tout. Pourtant la nuit, enfin sa nuit à lui, il se met à liker des photos de moi. Il revient me parler. On y va si tranquillement, mais c'est assez excitant. On commence à s'appeler, sa voix est douce. Il se sent seul à l'autre bout de la planète. On commence à se parler un peu plus chaudement. On se présente nos corps de manière artistique. Toujours dans le but de mieux s'approprier l'autre dans la plus pure vérité. Enfin, vérité qui nous arrange. Rien ne dérape, rien ne va trop loin. C'est doux.

Puis il rentre. Tokyo n'était pas éternelle.

On ne se voit pas tout de suite, pendant un temps on arrête même de se parler. Par pudeur. Le monde ne nous sépare plus maintenant. C'est une conviction, on se connaît par cœur.

Et puis un jour, comme une évidence aussi, un cinéma. La bise. Silence. On ne se connaît pas du tout. Ni sa taille, j'avais le chiffre, mais je ne savais pas ce que ça faisait face à moi. Ni son odeur, ni la texture de sa peau, ni la forme de ses mains, ni les reflets dans ses cheveux, ni l'intensité avec laquelle il a serré mon bras pendant cette bise : aucune. Il me paraît mou, éteint, lent. On s'installe dans la salle. Un film américain style comédie romantique qui s'avère pas si mal. Je lui arrache difficilement un rire avec une remarque. Des personnes assises quelques rangs plus bas se mettent à crier et en viennent presque aux mains. Je l'observe. Mou. J'ai peur. Je ne le connais absolument pas, j'ai parlé pendant des mois avec un inconnu. Le film commence, du coin de l'œil je le regarde le regarder. Et comme par politesse, comme pour respecter nos promesses, pour suivre la marche évidente des événements, pour ne pas faire de vagues, il tend tendrement sa main vers ma cuisse. Je la vois s'approcher. Et puis il se rappelle. Je suis un garçon. Il y a du monde autour, il y a du monde dedans. Sa main repart, vive, brutale, masculine. Ses doigts se referment pour mimer à la perfection la position du *Penseur* de Rodin. Il pose la main sous son menton pendant un temps. Quelques mois plus tôt, moi aussi j'étais mou, lent, face à un homme, pour la première fois, qui posait sa main sur ma cuisse. Lui a été plus courageux, a pris l'initiative. Ce sursaut d'hétérosexualité je l'ai eu aussi. Le monde me jouait un tour à cette époque. Et je le vois tomber dans le piège, se détester d'apprécier. Refuser que ce moment infuse, prenne, s'ancre. Le vivre en surface, comme une anecdote excentrique.

Je pleure, tout sort, d'un coup pendant approximativement dix secondes dans ces toilettes crades de restaurant, trois années en dix secondes. Je ne fais aucun bruit tellement je pleure. J'ouvre les yeux que je fermais avec violence comme pour empêcher les larmes, je tire sur le papier toilette, le plie en trois et me mouche un grand coup. Comment je vais raconter ça ? Ma mâchoire se contracte à nouveau. Comment je pourrai l'écrire ? Retiens vite tous les détails. Mon nez ne coule plus. C'est super cette scène de larmes, j'ai réussi à y croire, bravo. Je relève la tête. Je déverrouille mon portable et commence à prendre des notes. Ma vision redevient nette. Je jette les cinq petites boules de papier toilette blanc dans la cuvette, ne tire pas la chasse, ce sera à celui d'après de le faire, ce n'est qu'une histoire de relais les histoires d'amour. Je sors de là, prêt à faire une blague aux serveurs.

Quelques heures plus tard, on se dira au revoir, je le regarderai discrètement partir, sans qu'il le sache, et je pleure à nouveau. Cette fois-ci avec plus de tenue. Les larmes que j'aime, qui ne me mettent pas dans l'embarras, qui ne s'accompagnent pas d'une honte, ou d'un regard à droite à gauche vérifiant que personne n'est là pour observer ce moment.

Pour me calmer, je rentre en sifflotant cette chanson de Queen que je chantais toujours au petit déj quand j'avais dix ans, *Mamaaa, just killed a man, put a gun against his head, pulled my trigger, now he's dead…*

La Vie vient de partir. Même s'il m'a dit qu'il sera toujours là, et qu'il espère que je serai toujours là en retour, une fois parti, on est parti.

De retour à la campagne.

Je me suis installé dans le jardin ce matin, j'ai pas le moral. Calme-toi, prends ton temps pour écrire. Mon ordinateur est lent, il commence à se faire vieux et a du mal à suivre mes doigts qui tapent avec des fautes les mots qui ont eux-mêmes du mal à suivre mes pensées. Il faut que j'en rachète un et vite. Je pense à ce que m'a dit le psychiatre. J'en vois un depuis que les idées suicidaires sont revenues me susurrer des plans très concrets à l'oreille il y a quelques semaines.

Soit je me médicamente chaque jour de ma vie, soit ça reviendra, ce sont des cycles dépressifs intenses qui débarquent tous les cinq à huit ans. Jamais je ne deviendrai un zombie qui prend ses deux pilules et demie chaque matin car il a peur du fond du puits de ses pensées. La prochaine crise me cueillera à l'orée de la trentaine, j'ai quelques années pour m'y préparer. Aujourd'hui, je ne pense pas au futur mais au passé. Il y a maintenant six ans, j'ai traversé un épisode douloureux. Au moment où je comprenais que j'aimais les hommes. Cette période je n'y pense que très rarement, souvent brièvement, mais elle m'a bien traumatisé. J'ai tenté de me tuer après une longue descente aux enfers. Le psychiatre me dit qu'une tentative de suicide c'est souvent ce qui stoppe une dépression, que le traumatisme de savoir qu'on va mourir, que c'est une histoire de minutes, crée un choc psychique qui remet les pendules mentales à l'heure. Je pense à mon père. En vie depuis qu'il sait qu'il va mourir, qu'un jour, ce sera un jour précis, prochain, un lundi ou un mercredi, ce sera un de ces quatre, ce sera un jour où tout le reste de sa famille sera en vie et lui ne le sera plus.

J'avais dix-huit ans, je travaillais à la télévision, je venais de passer de l'agitation d'une maison familiale à un appartement tout triste de vingt-huit mètres carrés, ressenti quinze, sans personnalité, à Daumesnil, quartier Ehpad, rempli de vieux de droite qui attendent que la mort (qui est clairement de gauche puisqu'elle attrape tout le monde sans distinction) vienne les choper dans leur sommeil. Les murs étaient jaune pisse, le sol était un parquet marron merde qui craquait la nuit et laissait passer le vent qui s'engouffrait par les fissures au-dessus des plinthes. Je ne me sentais pas bien, me faisais croire que j'étais végétarien à l'époque et devais aérer en ouvrant les fenêtres pendant deux heures après avoir cuisiné mon pavé de saumon hebdomadaire acheté au Carrefour situé à cent cinquante mètres de cet immeuble faussement haussmannien. Mauvais végétarien. Ma routine consistait à partir au travail, rentrer, mater un film dans ma chambre, me branler en parlant à des filles et en prenant mon pénis en photo quand je reçois un bout de sein ou une photo en culotte, puis à regretter, à manger à nouveau, à me promettre d'arrêter d'être bizarre. À essayer d'écrire des blagues dans mes carnets à la terrasse du seul café du coin. J'étais content que les serveurs me reconnaissent et m'apportent mon Perrier sans que j'aie à le commander. Je ne buvais pas encore de vin. L'un des serveurs avait pris une photo avec moi et j'avais senti dès lors que je bénéficiais d'un traitement spécial de la part de tous les autres aussi, il avait dû leur dire. Le travail devenait de plus en plus difficile pour moi, et bizarrement au lieu de rechigner à l'idée d'y aller, j'y allais de plus en plus, 7 heures – 23 heures. J'écrivais des chroniques avec deux amis, puis on les tournait dans la rue, on les montait, on les diffusait dans une émission très regardée à Paris. Le tout pas très bien payé mais nous avions l'énergie de la jeunesse, on se disait surtout que c'était la porte pour une suite de carrière pavée de gros billets. Mes collègues auteurs, et surtout amis, commençaient à me prévenir que je devenais agaçant. Que je n'étais jamais satisfait de rien et que je demandais sans cesse qu'on réécrive, qu'on tourne plus, qu'on remonte, que rien n'était assez bon. J'imaginais alors toujours la voix de mon père me dire que c'était bof cette chronique. Puis cette voix est devenue la mienne, je le pensais, que tout était bof, et tout l'est devenu. Le travail n'était plus qu'une zone grisâtre, dans laquelle plus aucune impulsion psychique ne me traversait, plus de joie, plus de peine. Mes amis ont freiné notre collaboration, j'emploie le terme « amis » puisque c'est comme ça que je l'ai vécu, des amis qui m'abandonnent, des amis que j'avais déçus.

Les pensées vont trop vite, je viens de me doucher mais je sens déjà la sueur.

Cette zone grise s'est étendue sur ma vie en dehors du travail. Je ne comprenais plus à quoi cela servait de faire son lit le matin puisqu'il serait défait le soir même. Donc j'ai arrêté de faire mon lit et tout est parti en couille. Plus la vaisselle non plus, plus me laver tous les jours, plus changer de vêtements, plus faire de machines. Quand j'avais du temps libre je n'avais plus la force de sortir, de voir des amis, je restais dans mon lit, commandait à manger, regardait des films de Hitchcock, je venais d'acheter sa filmographie complète à la Fnac. Je ne serai jamais un grand artiste, ma vie sera sordide, pire, elle sera juste bof. Mes journées passées au lit laissaient des traces dans les draps, de sperme, de salive, de sauce sucrée venant des boîtes de sushis commandées en bas et livrées par l'adolescent de la famille qui tenait l'échoppe. J'ouvrais la porte au minimum pour ne pas qu'il voie l'état de l'appartement.

Six ans plus tard je comprendrais que la dépression

s'immisce grâce à cette pensée. À quoi ça sert de faire mon lit, je vais le défaire ce soir ? Si on laisse cette pensée gagner on est foutu, c'est l'essence même de la vie de faire pour défaire. Après c'est pourquoi voir mes amis, je pourrai les voir plus tard, pourquoi manger je vais chier, pourquoi tomber amoureux un de ces quatre on va rompre.

Je n'avais que dix-huit ans, putain. Je n'ai jamais repensé aussi précisément à cette période de ma vie. Je crois que j'ai une mémoire de la souffrance qui s'efface, par sympathie pour moi-même peut-être, pour avancer avec des valises plus légères.

Je commençais à avoir des pensées paranoïaques. Aujourd'hui, le psychiatre me dit d'arrêter de dire ça, mais d'employer plutôt le terme « pensées obsessionnelles ». Je pensais que tous mes amis me tournaient le dos, que je les dégoûtais, que mes collègues au travail me détestaient, qu'ils voulaient que je me fasse virer, qu'ils me mettaient des bâtons dans les roues. Je me disais que mes parents étaient déçus de moi mais qu'ils étaient bien obligés de le cacher, j'étais leur progéniture et tant pis, ils devraient faire avec. Je baisais mollement des filles à cette époque. J'ai même fait un plan à trois, une des expériences sexuelles les plus tristes de ma vie, je me disais qu'il fallait essayer, que j'étais une star du petit écran, et j'entendais des gens du milieu dire que c'était fou. Non seulement je fus, je pense, l'un des partenaires les plus mauvais de ces deux femmes, mais en plus de ça je pensais déjà à comment j'allais le raconter à mes potes pendant qu'elles avaient leurs deux bouches sur mon sexe qui peinait à rester en érection.

Un soir, il était 2 heures du matin, mes collègues avec qui je faisais les chroniques étaient en résidence d'écriture sur un projet, sans moi, mais je comprenais pourquoi, je n'étais plus vraiment dans leur groupe, ils me voyaient sûrement comme un boss acnéique, tyrannique, impuissant, écrasé par le poids de ses ambitions, qui faisait beaucoup d'efforts pour se la jouer détente, horizontalité dans le travail. Ce qui devait être le cas, rétrospectivement. Il faisait nuit noire, la lune n'éclairait rien et la rue exiguë du bureau ne laissait guère place à la lumière de l'unique réverbère quelques mètres plus loin. Je prenais une pause dans le montage de l'émission du lendemain, je trouvais tout nul, rien ne fonctionnait, mais il fallait que j'en fasse quelque chose, c'était contractuel, si la chronique n'était pas diffusée, nous n'étions pas payés, et je ne pouvais pas leur faire ça à nouveau. Trois semaines plus tôt je m'étais forcé à en diffuser une que je trouvais horrible, et pendant qu'elle passait en plateau sur les écrans, je scrutais le public et me focalisais sur ceux qui ne rigolaient pas, j'avais eu une remontée de vomi que j'avais dû ravaler aussi sec. J'avais pris un taxi pour rentrer, m'étais jeté dans le lit et avais dormi dix heures de suite, me réveillant avec une haleine atroce, celle de la déception et du vomi de la veille que je n'avais pas brossé. Quelques jours plus tard, mon frère, sentant que ça n'allait pas, était venu à l'improviste, il m'avait gentiment engueulé sur l'état de mon appart et sur mon comportement de connard avec la famille. Il m'avait trouvé enterré dans mon lit, un bol de céréales à la main à 22 heures devant un film de Scorsese, j'avais terminé le coffret Hitchcock. Avec pédagogie il m'avait proposé de me rejoindre et de se faire lui aussi un petit déj nocturne. Il était allé se servir un bol de lait et avait commencé à hurler, je ne comprenais rien à ce qu'il braillait. Il m'avait pris mon bol des mains, le lait avait tourné, je ne m'en étais pas rendu compte. À partir de là il avait pris de mes nouvelles tous les jours, sympa.

Bref, ce soir-là, j'ai senti que je ne pouvais plus, que quelque chose ne fonctionnait plus. J'ai d'abord seulement voulu prendre l'air. Ma salle de montage était au quatrième. J'ai regardé le ciel, plus sombre que mes pensées, et sans le percevoir clairement, je me souviens très bien que j'étais au présent, que j'étais là, que je ne pensais à rien, juste des sensations, ça me paraissait doux, simple, j'ai grimpé sur le rebord du balcon. Je me suis tenu au rebord de l'étage du dessus et j'ai avancé mon bassin vers le vide. Je tenais en équilibre, le rebord était assez large. Tout allait bien, je respirais enfin, ça faisait des mois que je n'arrivais plus à respirer. J'affrontais le ciel, le vide et j'étais bien là, bien présent, pas ailleurs. Je me disais que c'était simple, ne plus être serait un soulagement. J'ai alors lâché les mains et je tenais en équilibre. J'ai fermé les yeux, et j'ai eu comme une montée de drogue, j'avais chaud, je sentais que quelque chose de fort se passait, mais agréable, réconfortant, il n'y avait plus qu'à se pencher en avant, pas bien compliqué. Un cri strident m'a sorti de mon bain tiède. Une femme, dans l'immeuble d'en face, qui fumait une clope sur son balcon, me regardait. La honte m'a tout de suite attrapé et je suis descendu en sautant à l'intérieur. J'ai couru pour passer la baie vitrée et me suis assis contre le mur à côté de la nuit. J'y suis resté une heure. Sans rien penser, sans rien vivre, aucune émotion à part la honte. Je me suis fait pitié. Je suis rentré à pied ce soir-là, je ne chantonnais rien, silence partout, me suis couché, épuisé, et le lendemain quelque chose avait changé, j'ai décidé de me battre, j'ai fait mon lit. Six mois plus tard je démissionnais, ce n'était plus pour moi. Moi, je serais un grand artiste, j'en étais convaincu.

Plusieurs mois après cette nuit vertigineuse. L'été, j'ai voulu revoir mes amis. Marseille. Je vais mieux, je retrouve goût à tout. Le soleil, je transpire, j'aime ça. On boit des coups, on nage, la mer qui sèche sur la peau, le sel comme du parmesan râpé sur le front, le sable entre les orteils et les orteils dans les tongs. Puis les serviettes en boule dans le coffre, le siège en cuir qui brûle les cuisses, la musique à fond, les vitres baissées, le vent chaud qui fait danser les cheveux gras. On rejoint des amis d'amis d'ami sur le Vieux-Port, c'est cliché, moi je m'en fous, je veux juste suer encore un peu pour que ce soir, en retirant mon T-shirt, je me dise Ah putain ça c'était une journée de vacances !

Un autre bar, encore des verres, j'ai faim. Ils n'ont que des tartes, ce sera huit parts parce qu'on est huit. Ils prennent pas la carte, j'ai peu de liquide, Mettez-nous deux parts dans ce cas. Plein de cuillères, chacun pioche, ça me dégoûte moins la bave des autres depuis quelque temps. Cerise ou citron.

Il me regarde. Je ne sais pas qui c'est, je trouve qu'il a une tête marrante. Il est petit mais n'a pas l'air de le savoir. Un gros nez, des petites lèvres, les cheveux blonds, les yeux aussi. Il lèche sa cuillère, toujours en me regardant, Je suis pas ta tarte poto, je me dis. Puis je me rappelle que j'aime les hommes, enfin les fourmis du bas du ventre me le rappellent. Je l'ai vu passer à droite à gauche toute la soirée mais là je l'inspecte. Débardeur blanc, muscles tracés, larges mains, aucun tatouage, très peu de sueur, lui il emmerde le soleil apparemment. Est-ce qu'il est beau ? Il se tient debout devant une des tartes sacrées, le gardien de celle à la cerise, et propose au peuple d'y goûter, j'y vais, j'ai peut-être envie de l'essayer, marre du citron. Je le frôle, son gros bras contre mon bras, les fourmis du bas du ventre, ça me va. On parle, il habite ici, à Marseille. Il est danseur, il occupe l'espace, il gagne sa vie en remplissant le vide avec son corps, qu'il me dit. Coïncidence, je l'ai déjà vu danser dans un spectacle à Paris. Je lui raconte, Oh mais c'est fou, le monde est petit ! Mais je ne dis pas que c'était bien, je ne veux pas trop lui donner l'avantage. On s'échange nos numéros comme dans les films. Ou peut-être comme dans la vie ? Comme dans les films.

Les tartes sont dans les ventres, mon pote et moi on rentre, un peu plus tôt que tout le monde mais j'aime bien partir avant de me lasser. On marche. Bah alors le danseur, là ? Avec un petit sourire en coin. Depuis le collège je déteste ça, quand les amis essaient de me cerner le cœur en fixant mes joues qui rougissent, je réponds pas.

Rentré à l'hôtel, je retire mon T-shirt. Ah j'aurais pu mieux suer aujourd'hui, fais un effort. Posé sur ce lit tout dur et tout blanc, Instagram pendant quasiment une heure, de temps en temps les fourmis.

Je texte le danseur : Je passe chez toi uniquement si t'as une belle douche… Il répond par une photo de sa salle de bains et son adresse, ça me va. Vingt minutes, j'y vais à pied. Dehors, il fait presque frais.

Je sonne, bel appartement, une charpente apparente, des sortes de petites planches en bois clair au plafond, je rêverais d'habiter dans un truc comme ça. Il est sur son lit, moi sur une chaise.

On se rapproche, un chirurgien qui attrape son scalpel et qui fait ce qu'il a à faire, une main sur l'épaule, une main sur la hanche.

La douche, je baisse les yeux, je vois tourbillonner les derniers grains de sable qui se cachaient derrière mes oreilles, dans mes cheveux, entre mes orteils. Ma langue contre ses dents, encore plus de mains, encore plus d'endroits, l'eau qui s'arrête, une serviette qui ne sent pas la lessive, le lit, moi allongé toujours nu, en plein milieu, la pudeur et la serviette qui cachent mon sexe, impossible de me rater. Lui s'assied sur le rebord du lit, deux verres de vin, son énorme pénis au repos qui se dépose sur les draps comme un chien épuisé. Mes mains sur ses épaules, il grimpe sur moi, d'habitude c'est moi ça. Sa langue sur mes dents, il me fait ce que je suis censé lui faire. Je me baisse pour attraper mon pantalon du bout des doigts, je sors une capote. Chaque fois que j'en ai une dans les mains je repense à ma mère : N'oublie pas avec les filles de toujours mettre le caoutchouc ! Et chaque fois je me dis que rien ne va dans cette phrase maman.

Il me la prend des mains et l'ouvre avec les dents. Il se la met. « Alors non », c'est ce que je dis à voix basse. Il répond :

— Quoi ?

— Non, c'est pour moi.

— Ah mais moi je me fais pas baiser.

Je dis, Ah bah moi non plus. On se regarde, c'est marrant mais on ne rit pas. J'étais sûr que toi… Il me regarde mal, je ne termine pas ma phrase, l'ambiance se nécrose d'un coup. Je le trouve moins beau, l'appart aussi, il a les canines très pointues, comme un vampire, la serviette pue. Un petit silence, toujours allongé, je fixe les planches en bois du plafond, l'impression d'avoir été délicatement déposé au fond d'un très grand cercueil.

Je me sens con d'y avoir cru, c'était trop organique, trop fluide pour qu'il n'y ait pas d'accroc. Il ouvre la fenêtre, 5 h 30, le soleil se prépare à nous niquer la gueule une journée de plus. Il nous roule deux clopes, on les fume en silence. Je pense à sa salive sur le papier à rouler de la mienne, je pense à ma mère qui se mettait de la salive sur le pouce et je pense à ce pouce mouillé qui s'approche de mon visage parce que T'as une tache là, sur la joue, voilà, c'est mieux maintenant, tout propre ! Des frissons, il fait froid, on peut fermer la fenêtre ?

On discute de rien pour se faire croire que c'est pas grave. Faut que j'y aille. Je promets de l'inviter à mon spectacle quand je passerai à Marseille parce que j'ai vu le sien à Paris, je ne sais pas si je le ferai. Je commande un Uber, vingt minutes à pied c'est trop, comment t'as pu venir en marchant ?

Ça y est, il fait jour à nouveau, dans la voiture, les cheveux encore mouillés de sa douche, sérieusement « je remplis le vide avec mon corps ». Je suis énervé je crois. Pas de ne pas avoir baisé, mais parce que je me rends compte que je suis condamné à la déception. Maintenant, les règles ont changé, ce sera toujours trop d'étapes, je ne connaîtrai jamais l'histoire qui glisse tout du long comme une goutte de sueur froide dans le dos. Je suis en deuil, j'ai perdu quelque chose. Vous pouvez mettre de la musique s'il vous plaît ?

Le coup de foudre, faut que j'oublie le coup de foudre, je n'y ai plus droit. Si je croise un mec, faut que je m'autorise à le regarder, à me demander s'il pourrait me plaire, il faut que je détermine s'il aime potentiellement les hommes lui aussi, puis s'il me regarde il faut que j'interprète l'intention derrière ce regard. Est-ce qu'il me jauge en retour ou est-ce qu'il se dit Tu veux quoi poto ?! Puis il faut qu'on se parle, puis faut qu'on se drague, et même s'il y a des sentiments, peut-être que personne ne se fera baiser.

Je demande au chauffeur si je peux prendre une bouteille d'eau, « c'est fait pour ça », je dis que je préfère demander quand même. Je me penche pour en attraper une et au sol, plein de grains de sable qu'un rayon de soleil fait briller. Sûrement des touristes comme moi qui les ont abandonnés ici en revenant de la plage. Ils ne reverront jamais la mer… Juste des petits cailloux usés, ça va pas te rendre triste quand même ? Il n'y en a pas beaucoup, juste assez pour que je les voie danser au rythme des virages, je souris.

C'est juste ici, merci !

Mes chaussures au pied de la porte, doucement parce que mon ami dort, mon pantalon sur la chaise, mon T-shirt au sale, je suis propre.

Je me dis que c'est con d'être gay.

Le lendemain, je nage jusqu'à la dernière bouée rouge, je sais pas pourquoi j'en ai marre de tout, je veux aller toucher l'horizon. C'est un peu ridicule, ce n'est pas à des kilomètres non plus… Mais sur le retour, j'ai peur, le courant, la fatigue, le sel qui brûle la gorge, pourtant tu sais bien nager d'habitude, envie de demander de l'aide mais plutôt crever. Je prends du temps, mon temps, une crampe, lentement, je réussis à regagner la plage, à bout de forces. Je tiens devant les autres la posture du mec qui va bien. Mais ça ne va pas.

Je me laisse tomber dans le sable, ce soir je vais bien dormir, respire moins fort, ils vont voir que j'ai failli me noyer. Je sèche vite, les paupières juste assez ouvertes pour ne pas me faire détruire par le soleil, je le fixe depuis quelques minutes. Moi c'est le vide qui remplit mon corps.

Encore à la campagne, j'y vais dès que je peux, pour bosser. Il faut que je bosse, je le sens quand j'en ai besoin, maintenant plus que jamais. Il y a encore quelque temps, je me lavais les mains avant d'écrire. Maintenant j'ai compris que se laver les mains et écrire c'est la même chose.

C'est principalement la nuit que j'arrive à écrire, que ça sort. Quand j'étais petit je croyais que ce n'était que la nuit qu'on mourait. Peut-être qu'au fond j'y crois toujours et que je veux me prouver que c'est faux. Seul dans la nuit, je suis juste une présence et la présence j'ai du mal. C'est compliqué, je trouve, d'être présent. Mais au moins quand j'écris je fais acte de présence des moments passés. Ça me rassure, ça me berce. Je ne sais pas si j'existe, là, maintenant, ici, mais je suis sûr que j'existais il y a quelques jours vu que j'écris ce que j'avais dans le bide à ce moment-là.

Je crois qu'il sait que j'écris sur lui. Quand j'écris dans la maison, à la campagne, il passe derrière moi et jette un coup d'œil furtif. Ça me renvoie en enfance par un coup de pied au cul. Ça me bloque, ça rend tout ridicule. Je veux tout effacer. J'ai l'impression d'être lâche d'écrire un truc pour dire un truc à un mec qui se trouve à cinq mètres de moi. Je crois que ça ne me dérangerait pas qu'il me demande sur quoi j'écris. Même qu'il lise en cachette, comme si c'était mon journal intime et qu'on était dans un mauvais film français. J'ai laissé des chapitres imprimés traîner dans le salon près de mon ordinateur. Il n'a pas lu, un acte manqué qu'il a manqué.

Je ne sais pas si ça lui ferait mal ou s'il serait secrètement fier de lire ça. Ou s'il serait fier que j'arrive à lui faire mal. Que j'arrive à le rendre vulnérable, à le pénétrer. Je crois que j'ai peur qu'il s'en foute de tout ça. De moi qui parle de notre relation sur scène, dans un bouquin, à la télé. Il veut juste terminer de retaper la baraque avant de mourir et le reste, c'est trop tard, on s'en fout, pas le temps fils. Face à une salle de bains qu'il faut refaire, un plancher à installer, des arbres à couper. Face aux échardes quotidiennes qui s'enfoncent dans ses mains de bûcheron, mon bouquin ne gagne pas le combat. Ses mains vivent pour lui, des cicatrices partout, un peu gonflées, des ongles qui ressemblent à du verre poli. Elles ont l'air inanimées, mortes. Elles sont grises tellement la peau de ses doigts est épaisse. Elles ont l'air d'avoir plus vécu que son cœur. Elles ont l'air de ne plus en pouvoir. Peut-être que ses mains, c'est son cœur.

Au fond on fait la même chose alors, on veut tous les deux réparer avant qu'il parte. Lui, la maison ; moi, moi. Je suis le plus égoïste. Ou alors il est plus lâche que moi. On s'en fout que le carrelage de la cuisine soit posé avant la fin du mois, y a plus urgent. J'ai jamais vu un film sur un mec qui apprend qu'il va mourir et le gars passe son temps à Leroy Merlin en attendant que ça arrive. C'est nous que tu devrais réparer. On est six enfants, six ratés du cœur, parce qu'ils sont pleins d'échardes, et tu vas partir sans que rien de tout ça change. Mais au moins on aura le choix entre quatre salles de bains pour se doucher à la campagne.

Alors j'essaie de me le sortir de la tête quand j'écris. C'est mon truc à moi ce texte, c'est mes travaux, j'ai pas besoin de lui, pas besoin qu'il m'adoube. Je suis dans le salon, j'essaie de relire un passage, il passe derrière, je sens son regard se jeter par-dessus mon épaule comme un suicidaire d'une falaise et ça me donne des frissons. Je comprends, je lui en veux pas d'essayer de lire, je m'en veux d'avoir envie qu'il arrive à lire. Qu'est-ce que je suis lâche… Ça m'irrite profondément, ça m'obscurcit. J'éteins l'ordi, je vais courir.

Avant je les trouvais cons les gens qui font des tours de square le soir pour se vider la tête. Maintenant je les trouve toujours cons, mais juste je fais partie du groupe. Je cours pas mal en ce moment, une heure tous les deux jours. Plus quand il passe sa tête au-dessus de mon épaule.

Cet été j'ai adoré courir par trente-cinq degrés, sous ce soleil qui intimide, j'ai adoré l'affronter, Tu me fais pas peur. Le vrai plaisir c'était d'enfiler mes chaussures de course pendant que ma mère et mon frère me disaient, Tu devrais pas, c'est dangereux, c'est la canicule ! Seul, j'aurais été inconscient mais le fait qu'ils essaient de me retenir ça me rendait courageux, scène déchirante de film de guerre.

Le goudron brûlant, qui suinte des perles noires. J'ai couru, plus longtemps que jamais, jusqu'à me vider de mon air et de mon eau. C'est d'ailleurs ma sueur froide qui m'a permis de continuer. La musique dans mes oreilles est devenue du bruit. Je sentais que tout le sombre s'évaporait. Je ne voyais plus que le clair, un voile blanc devant les yeux. Mes jambes ont fui mes ordres. Comme si j'essayais de me fuir, comme si je ne me contrôlais plus. Je me suis arrêté juste avant de m'évaporer tout entier, de disparaître.

Depuis que je suis seul avec lui, je cours juste avant la nuit. J'attends l'instant précis où le soleil se pose sur l'horizon. Comme un gros ballon sur le sol d'une cour d'école. Tout devient or, tout est suivi d'une ombre de dix-huit mètres. Puis, le soleil roule de l'autre côté, va se coucher sous terre. Mais pendant quelques minutes, le ciel continue de jouer sa présence. Le ciel est encore bleu doré rosé, les oiseaux sont encore là. Le monde est quasiment pareil sauf qu'on sent qu'un truc cloche, ça suinte. Comme dans le *Truman Show*, tout est juste, à sa place, mais tout sonne faux. Tu mettrais ta main à couper que le soleil est là, quelque part, je le trouve pas, attends, mais non, il est mort le soleil. Je baisse les yeux en courant, plus rien n'a d'ombre. Moi non plus. Et sans ombre, plus rien n'a de corps, de présence. Sans ombre comment je sais que j'existe ? Je cours entre la vie et la conscience de la vie, l'expression de la vie. Pendant quelques instants, éclairé par le ciel mais sans soleil, je n'existe pas vraiment et ça fait du bien. Plus rien sur les épaules. Plus de soleil qui passe sa tête au-dessus de ton épaule.

Puis la nuit.

La nuit on s'éclaire soi-même, c'est pas pareil, on décide qu'on existe. On apprend à s'exister. Soi-même, sans y être contraint, c'est tout aussi compliqué, mais c'est un autre travail. La nuit on est l'acteur, le projecteur, et même parfois les planches du théâtre. Je commence à avoir mal aux jambes. Ça y est la lune.

Je m'arrête de courir près du lac, il fait encore bon, je transpire beaucoup, j'ai envie de sauter dedans tout habillé mais je me rappelle que je suis lâche. Je saute pas, je rentre, je m'étire, on mange, je me douche, une clope, il dort et moi j'écris.

C'était il y a quelques années. Il était anglais, enfin il l'est toujours je pense, on n'arrête pas d'être anglais. De Manchester plus précisément. On s'est dragués sur les réseaux, comme toujours. Il voyage pas mal pour le travail et on se voit avec évidence quand il est de passage à Paris. Je ne sais pas si on en a vraiment envie au début, mais on se sent obligés, trop parlé, faut assumer maintenant. On ne fait jamais rien de plus que des baisers maladroitement exécutés de nuit, toujours de nuit, le plus loin possible des lumières artificielles, faut pas trop que ça se voie que nos langues de garçons se touchent. Il sent bon, s'habille bien, parle bien. Il ne fait pas beaucoup de blagues et rigole peu aux miennes. Ses épaules ont l'air de l'encombrer, il les laisse tomber en avant, on dirait qu'il fond, qu'il est fait de fromage et que Paris est un micro-ondes. Ses yeux. Ce sont ses yeux dont je me souviens le plus, deux planètes bien rondes, je suis attiré, je flotte autour, un astronaute que la pesanteur retient de force. On ne parle qu'en anglais, sauf pour commander à boire ou à manger dans les restaurants.

Il veut voir mon spectacle. C'est ridicule, tu parles pas français, tu vas rien comprendre. Il insiste, je l'invite, il vient. À la fin du spectacle, je lui fais un clin d'œil sur scène, je ne sais pas pour qui je me prends, mais j'y crois. Les loges, je change de T-shirt, je mets du parfum, j'avais pris un petit flacon, je m'étais promis de sentir aussi bon que lui ce soir. Je le rejoins devant, j'aime qu'on passe tous les deux près des spectateurs qui traînent encore autour du théâtre, ils me parlent ou veulent prendre des photos, je suis content qu'il voie ça. On va boire un verre.

— Tu as eu les larmes aux yeux à un moment sur scène, non ?

Je dis oui, que c'est un passage du spectacle qui me touche, que c'est sur mon père.

Il me demande :

— Les larmes montent chaque soir ?

— Oui, quasiment.

— Combien de fois tu joues par semaine ?

— Quatre fois.

— Et tu ne forces rien, enfin à chaque fois c'est naturel, les larmes grimpent toutes seules ?

Je réfléchis, je crois que oui, l'émotion vient me cogner, et je ne la retiens pas c'est tout. Le serveur arrive, on commande deux verres de vin, parce qu'on est des adultes, on a trinqué, on va sûrement fumer, on va peut-être même baiser tout à l'heure, tout comme les adultes.

Il me dit, et il a l'air assez grave, qu'il ne me comprend pas. Ce n'est pas un compliment sexy à l'instar du « J'ai du mal à te cerner *clin d'œil*, comment tu t'appelles poupée ? »… Il est vraiment perdu, il se sent lésé.

— Je t'ai vu plus vivant sur scène que dans la vie…

Il me lâche ça, attrape son verre, dépose le rebord délicatement sur ses lèvres, elles ont l'air si douces, il le fait lentement, il sait que ça m'excite et que je ne loupe jamais une miette de ce spectacle.

— Comment ça plus vivant sur scène que dans la vie ?

Il dépose son verre sèchement :

— Je ne sais pas, dans la vie, tu me parais… Je ne sais pas… Les émotions c'est pas ton truc, tu les assumes pas d'habitude.

Ce soir, on ne va pas baiser, je le décide avant même qu'il ne baisse la voix en fin de phrase. Un enfant qui se vexe, c'est ce que je suis là tout de suite, pas un adulte qui boit du vin, se vexer c'est une émotion non, connard ?

On s'est revus quelques fois, même après qu'il m'a dit qu'il était amoureux de moi. Je pense qu'il en rajoute, il se fait croire qu'il m'aime mais ce n'est pas ça. Puis un soir, un appel. En pleurs, il me dit qu'il ne fait que penser à moi et que moi, il sait que je ne pense pas à lui, que je vois d'autres personnes. Il me dit que c'est honteux que je lui laisse entrapercevoir mon cœur sans jamais le lui donner, que c'est honteux parce que je suis amoureux de son amour, mais pas de lui, que je le manipule. Il arrête de pleurer. Je suis mal à l'aise, pleurer pour ça c'est ridicule, je n'ai rien à dire, je n'ai pas de défense, pas d'énergie pour la défense, mon silence me rend coupable mais je m'en fous. En même temps, je crois que je le suis, coupable. Est-ce que ça fait de moi une merde, est-ce que j'ai honte… Je ne crois pas. Depuis qu'il m'a dit qu'il m'aimait, même si je ne le crois pas, je me sens responsable de lui. Peut-être avec condescendance. Je le vois comme un acquis maintenant, je laisse son amour tourner en fond comme des actions boursières qui me rapportent de l'argent sans que j'aie rien à faire.

Je lui dis, avec une froideur qui nous effraie tous les deux, que je suis désolé, que s'il ne veut plus qu'on se voie je le comprendrais. Il se calme, me dit qu'on peut continuer, mais qu'il faut que je change. Je dis D'accord, mais je sais que rien ne changera, qu'il est à moi maintenant, peu importe ce qui se passe. Je crois que oui, je suis une merde.

Je suis ce gamin de colonie un peu sadique, je te demande de m'accompagner tout en haut du plus haut caillou près du lac et je te dis À trois, on saute ! Un… Deux… Toi tu sautes, pas moi. Je reste sur le caillou moi, tout en haut, tout au sec, et je rigole en te pointant du doigt. Comment t'as pu me croire, comment t'as pu me faire confiance ? Toi tu es dans l'eau, moi je profite de l'eau que ton corps a projetée en plongeant. C'est ça mon truc, l'éclaboussure.

Après ça j'ai vu une psy pour lui dire que j'étais un pervers narcissique, que j'avais besoin d'aide pour arrêter de faire du mal à ceux que j'aime, ou ceux que je me fais croire que j'aime, ou dont j'aime le fait qu'ils m'aiment, tout ça c'est pareil. Je ne savais pas que quelques années plus tard je retournerais la voir pour le même motif : je suis une horrible personne et je grignote les gens avec qui j'entre en contact. Sauf que cette fois-ci, elle sent que quelque chose était grave, une dépression impressionnante qu'elle me dit. Impressionnante ? Qui impressionne qui ? Elle m'oriente vers un psychiatre, je me dis que c'est pour les autres les psychiatres, pour les fous les psychiatres. Je n'aime pas cette psychologue. À vrai dire, je ne ressens rien pour elle, c'est pour ça que je la vois par intermittence. Souvent je la trouve stupide, parfois je me dis qu'elle a des fulgurances qui m'énervent car elle voit juste, mais souvent son petit hochement de tête avec ses yeux de chien triste m'énerve et me ramène en enfance quand je n'arrivais pas à expliquer à un adulte ce qui n'allait pas. J'ai donc décidé que je ne retournerais pas la voir et en attendant de trouver un psychiatre j'ai tenté l'hypnothérapie. Une amie de mon frère m'a conseillé cette femme, la cinquantaine, les yeux fatigués mais le corps énergique. Elle a une aura douce, son cabinet sent bon, il est tout petit et ses yeux fuyants sont très grands. On discute, je lui raconte, elle me sert un verre d'eau tiède de son robinet gris calcaire, elle parle bien trop, je ne peux pas en placer une, mais ça ne me dérange pas. Je veux qu'elle me dise tout ce qu'elle sait, j'aimerais qu'elle parle le plus possible pour me faire gagner du temps.

Cette hypnothérapeute m'explique ce qu'est l'ennéagramme, un schéma simpliste selon lequel il n'y aurait, en gros, que neuf archétypes de personnalités, souvent fondés sur une blessure d'enfance. On se forge alors un caractère dans le sens de la blessure ou pour la contrer, et cela définit fortement nos rapports sociaux en tant qu'adulte. Apparemment je serais d'un type précis. Celui qui ne se sent bien et épanoui que dans l'accomplissement, ambitieux, qui désespère que son talent soit reconnu. Qui s'adapte alors à chaque personne afin de lui soutirer ce qu'il souhaite pour aider cette quête de reconnaissance. Qui se ment sur ses envies. La vertu de ce type est la recherche de vérité. Une quête qu'il n'atteint que lorsqu'il est bien dans sa peau, ce qui arrive rarement car c'est un type qui ne s'aime pas beaucoup. Je pensais être original, je ne suis qu'un parmi neuf. Je pensais que je m'aimais tellement que parfois je me haïssais, en fait c'est peut-être l'inverse. Je sais déjà que je ne vais pas dormir cette nuit et ne faire qu'y penser.

Connasse.

Elle me dit que ça se sent que j'aime le feu, allume une bougie, la place devant moi et commence à m'hypnotiser. Mon corps se détend, le présent entre un peu en moi, je me reconnecte au sol, sens le poids de mon corps, seulement le poids de mon corps. Je suis un enfant insouciant, bon par définition, qui ouvre les bras par réflexe, pour laisser les autres le porter. Elle me presse l'épaule. Rouvrir les yeux est compliqué, revenir dans son cabinet aussi. On se serre la main, mon frère me récupère, il doit rester avec moi tout le temps maintenant, me surveiller un peu, sinon c'était la clinique apparemment. On est rentrés en marchant de Madeleine à Odéon, en silence. Je regarde les voitures rouler vite, je me dis que c'est pas grand-chose, faut juste fermer les yeux et sauter sur la route.

J'ai quarante de fièvre. Hier j'ai dit au Bonheur que je « commence peut-être à t'aimer » et c'est vrai que je commence peut-être à l'aimer. C'est mon nouveau copain, deux ans de moins, il parle pas beaucoup mais il parle bien, il a le plus beau corps que j'aie vu de ma vie, des fossettes, des yeux verts qui vous attrapent à la gorge et vous volent tout ce que vous avez. Et surtout, il est heureux. Qu'est-ce qu'il est heureux, sa place sur Terre il l'a trouvée lui, c'est sûr.

Ça ne voulait pas sortir, et j'ai pensé que pour conjurer cette malédiction de pas réussir à dire il fallait, comme pour tout changement, forcer un peu le truc au début. Pense-le mais à voix haute. Il est pas con, il m'a déjà cerné donc il a souri, il m'a laissé un petit temps avant de répondre. Le même petit temps qu'il laisse au livreur avant de lui tendre le pourboire. Juste pour qu'il se remette de la montée des six étages. Comme essoufflé j'ai dit Mon ordinateur interne processe en ce moment. Il a ri calmement, avec tact. Il a ajouté Et tu penses qu'on aura la réponse quand ?

J'ai copié son rire calme et me suis levé pour me brosser les dents.

Le lendemain, une indigestion. Quarante de fièvre. Je n'ai pourtant rien mangé de spécial.

Mes dents qui claquent me ramènent quelques années plus tôt, quand j'ai dit mon premier Je t'aime à un humain. À La Vie. Je m'en souviens, j'y vais, je saute : Je t'aime. Très vite, trop vite, il me répond un Moi aussi, aussi sincère que sec. Sec parce que sans doute. Il n'y a littéralement aucune autre vérité pour lui, aucune question associée à ce Moi aussi. Et le lendemain une angine. Qui deviendra blanche quelques jours plus tard.

Le dos en sueur, mon ventre en feu, je commence à avoir peur. Est-ce qu'aimer me rend malade ?

Je me trouve ridicule de penser ça et d'autant plus ridicule d'essayer de me rassurer. C'est normal, pour la première fois tu laisses quelqu'un entrer en toi. C'est nouveau, tu n'as jamais fait ça, tu n'as aucun anticorps.

Pas sorti de la journée, le soleil ne viendra pas se poser sur moi aujourd'hui. J'ai fait plein de petites tâches insignifiantes pour pouvoir rayer quelques mots sur mes Post-it de choses à faire. Ça m'a rempli la journée d'inutilités. Il reste deux heures de soleil et je dois aller chez mon psychiatre, hâte pas hâte. Quand je sortirai le soleil sera parti, dommage. Pourquoi je pleure ? Je fais des pompes, me redresse, aperçois un visage que je croise rarement dans le miroir, un garçon convaincu, les sourcils droits. Mes bras commencent à nouveau à se dessiner, mes pectoraux aussi, contracte le reflet de ces muscles pour le miroir. Je ne me sens pas ridicule ou invisible, c'est toujours soit l'un soit l'autre. Impuissant. Je suis convaincu d'être impuissant. Tout ça ne pourra rien changer. J'aurai beau tailler la moustache de ce reflet, lui couper les cheveux à la perfection, lui faire gonfler tous les muscles imaginables, ça ne changera rien. Il arrêtera de m'aimer en premier. Première fois de ma vie que je me dis ça. Je suis plus accro au Bonheur que lui ne l'est à moi.

Et surtout, je reconnais en lui certaines phases de doute qui m'ont traversé avec La Vie.

Au début, j'étais confiant. Il fumait des normales, moi des fines. Et puis j'ai compris que Le Bonheur en pinçait pour moi quand j'ai remarqué qu'il s'était mis aux fines, qu'il terminait même les miennes quand j'en voulais plus. C'étaient des baisers qu'il essayait de voler quand il collait ses lèvres sur le filtre entamé. Puis il a montré les premiers signes. Et là j'ai tout foiré, j'y suis allé trop vite. J'ai laissé l'estomac parler. Mais ses réponses n'étaient pas si claires. Et puis aujourd'hui il n'envoie plus de signes. Moi je veux tout le temps être collé à lui, j'aime son odeur au matin, je pourrais lécher sa sueur pendant des heures, même son haleine quand il est malade ne me dérange pas, même l'odeur de sa pisse après son passage aux toilettes ne me dérange pas. Je le mords dès qu'un câlin s'éternise, il rigole, moi aussi, mais j'aimerais le manger. En entier, chaque partie. Je commencerais par ses cuisses, je les aime ses cuisses, j'y dépose ma main dès que j'en ai l'occasion. Puis je mangerais ses fesses, puis son dos, son magnifique dos qui m'énerve de perfection, doit être bien tendre, ça se détacherait facilement, un seul coup de dent. Mais rien, je le mords juste assez fort pour qu'il pousse ce petit cri que j'aime qu'il pousse. Mi-apeuré, mi-sexuel. Un cri aigu, mais doux. Je n'ai même plus envie de voir d'autres personnes, depuis des mois. Je n'ai même plus la force de répondre aux gens physiquement plaisants qui m'envoient des messages très clairs sur les réseaux : ils me veulent. Mais pas moi. Moi, je le veux lui, tout entier, tout le temps, jusqu'au dernier os à ronger. Plus personne d'autre ne pourrait en profiter, en moi à tout jamais. Deviendrait un de mes organes, à l'intérieur, un vital. Ça me rend fou, je vais devoir calmer la réaction chimique.

Je suis allé le voir il y a quelques jours, sur scène, il s'est fait acclamer par la foule, il est danseur, aucune jalousie, aucune fierté, bizarrement c'est la crainte qui m'a attrapé la gorge. Il a un plus grand destin que moi, il va aller bien plus vite. Et il va m'oublier rapidement, passer à autre chose, me laisser sur le côté comme j'ai laissé La Vie sur le côté car juste je ne « le sentais plus ». Pourquoi je pleure ? Il fallait que ça m'arrive, et mes pauvres pompes pour essayer de rejoindre son monde d'hommes sculptés dans le sel et le marbre ne serviront pas. Je me prends un retour de flamme, l'amour est une danse à deux qui se joue dans la précipitation, les partenaires n'ont pas eu le temps de bien se choisir. Il y a ceux qui dansent et ceux qui regardent les autres danser en se demandant s'ils valsent avec la bonne personne. Il danse mieux que moi cette fois-ci.

Le psychiatre m'a conseillé d'aller au vert en attendant la prochaine séance. Quelle belle excuse pour retourner le voir dans son hameau maudit dont les travaux n'avancent pas.

Je lui propose poliment de l'aide et il refuse poliment. Notre relation ne va pas plus loin que ça maintenant. Ça sonne faux mais on continue. On n'a aucune ligne de dialogue dans nos scènes à deux, juste une didascalie **le plus poliment possible**.

Dès qu'il dit quelque chose je pars du principe qu'il en rajoute et dès que je prononce un mot il part du principe que je ne connais pas la vie. Que la vie c'est comme lui il dit.

Pourtant, cette fois, je lui demande sincèrement s'il a besoin d'aide. Et sincèrement, comme une sortie de script, il me répond que oui, il faut clouer des trucs sur d'autres trucs.

Il me regarde clouer, j'ai la pression. Je me sens ridicule d'avoir la pression. Je veux faire vite et bien pour qu'il n'ait pas à m'expliquer les clous et donc à m'expliquer la vie. Évidemment, je foire, il s'approche, me dit avec un ton que j'ai encore jamais entendu Tiens juste la planche plus loin, tu verras y aura moins de rebond.

Je le fais. Il y a moins de rebond. Il rajoute T'as vu c'est mieux tout de suite hein.

D'ordinaire cette phrase – surtout ce hein de fin – m'aurait énervé parce que je suis sur les nerfs avec lui. Déjà je suis jamais avec lui, je suis toujours face à lui. Comme on est face à un juge. Sauf qu'entre nous deux, on ne sait jamais lequel joue l'accusé, on alterne un coup lui, un coup moi. Face à lui, je suis toujours à l'affût de la petite phrase, toujours prêt à bondir comme cette planche que je tiens mal. Et pourtant, je sens que cette fois son « T'as vu c'est mieux tout de suite hein » va de son cœur à mon cœur, il veut vraiment que ce soit mieux. Pas me montrer que comment lui il fait, c'est mieux. On sait tous les deux que c'est un beau moment ce qui se passe, comme avant, quand j'étais petit et qu'on faisait les travaux. On sait aussi qu'il y en aura de moins en moins des moments comme ça, que ça se fait rare. C'est un moment étoile filante. Un temps. On est gênés, vite, il faut reprendre nos rôles respectifs. Il ajoute Bon je vais faire les autres ça ira plus vite ! Il me reprend le marteau et fait disparaître le clou en tapant dessus d'un coup sec. C'est lui le juge.

Je l'ai aimé ce moment de flottement durant lequel j'ai mal cloué. Je l'ai mis dans ma poche ce moment, je le ressortirai le soir pour le revivre, je le sais déjà. Ça faisait longtemps qu'on n'avait pas été juste un père et un fils. Et non un père qui prouve qu'il est encore un père et un fils qui prouve qu'il n'est plus du tout un fils. Ça fait écho à cette époque où tout ce que je savais et ne savais pas venait de lui. C'était mon lien au monde. C'était mon prisme, souvent mon filtre, parfois ma ceinture de sécurité.

C'est pendant les décorations de Noël que j'apprenais le plus avec lui, de lui. On était la deuxième maison la plus décorée d'Essonne je crois. Ou la cinquième mais il réinterprétait le classement.

On commençait en novembre. Ça durait une à quatre heures par soir. De 11 heures à 18 heures le week-end. Martine Aubry aurait gueulé. Maman râlait pour la facture d'électricité. Lui, en réponse, il avait acheté un Père Noël gonflable de six mètres sur un site allemand. On l'attachait avec des gros câbles comme un dirigeable. La soufflerie faisait un bruit dégueulasse, pas du tout cohérent avec la féerie de Noël, ça nous empêchait de dormir.

On commençait par recouvrir les arêtes de la maison avec des LED, puis on s'attaquait aux fenêtres, puis aux arbres et aux gouttières avec des guirlandes d'ampoules colorées. Je détestais les guirlandes d'ampoules. Quand je les accrochais, j'en pétais toujours une ou deux et je devais redescendre puis remonter pour les changer, ça me faisait peur et chier à la fois.

Une fois la partie guirlandes terminée, on construisait – il construisait, moi je lui passais les clous – des petites maisons en bois pour les automates. Oui, on avait des automates comme aux Galeries Lafayette. Des cerfs qui font du saxophone, des lutins qui saluent et sourient, plein de saynètes angoissantes dans ce style. Ils avaient chacun des petites musiques programmées et on foutait du gaffer dessus, sinon c'était la cacophonie tellement y en avait.

On parlait pas. Quand t'es petit tu parles pas, tu réponds mais vu qu'il me parlait pas, on parlait pas. Silence. De temps en temps un discret Attrape le bout là et passe-le au-dessus de la tige. Jamais de s'il te plaît, ou de mot doux, superflu. On faisait, ensemble, un truc qu'on pensait qu'on aimait. Et c'était mieux que parler. On relevait nos manches, enfin pas trop parce qu'il faisait froid, et on faisait notre « projet » à deux. J'aimais ça. C'était marrant.

Parfois en rentrant de l'école, je voyais qu'il avait avancé sans moi et je lui en voulais.

On l'a fait trois, quatre, cinq années. Il voulait en mettre toujours plus, ça devenait trop. Parfois on sortait en reconnaissance espionner les maisons de ceux qui étaient plus hauts dans le classement, ou dans d'autres départements. On se foutait de leur gueule dans la voiture, Pfff, t'as vu comment il est moche, leur renne sur le toit, là ! On riait, c'était marrant. Le lendemain il achetait un plus gros renne que le gars et on devait l'installer dans le froid. C'était moins marrant. C'était l'âge où moi je pensais qu'à faire l'amour à mon oreiller le soir. Il a ensuite voulu projeter des animations sur les murs, décorer la voiture, rétroéclairer le sapin du jardin, ou je ne sais plus trop quoi et ça commençait à me faire chier. Je traînais les pieds dans la neige. Y avait encore de la neige à l'époque.

Cette année-là, on a tout éteint le 26 décembre parce que la voisine avait perdu son mari. Elle était seule dans sa grande maison qui sentait la citronnelle et dès qu'elle passait devant une fenêtre elle faisait face à nos cerfs musiciens et à nos lutins sous crack. Moi je m'en foutais de la voisine. Je comprenais pas pourquoi on avait passé deux mois à tout installer pour tout éteindre le lendemain du réveillon. J'avais bravé ma peur du vide pour mettre ces putain de guirlandes dans les sapins alors elle aussi elle pouvait braver sa peur du vide. Il m'a juste dit Non, on n'allume pas, ça se fait pas… On fera mieux l'année prochaine.

Dans ma tête je me suis dit non.

Mais ça a mis un an pour passer de ma tête à ma bouche. L'année suivante je lui ai dit Non, je fais pas les guirlandes, ça m'amuse plus.

Il a baissé la tête, a dit OK, et il est parti dans le garage. C'était moi le juge.

J'ai pensé à tout le temps que ça allait me libérer et je suis monté baiser mon oreiller.

Quelques jours plus tard mon grand frère m'a engueulé. Je sais plus ce qu'il m'a dit exactement mais en gros apparemment quand j'étais petit j'avais dit que j'aimais bien les maisons avec les guirlandes et que nous on n'avait pas de guirlandes et que c'était pas juste et que papa avait commencé les guirlandes pour ça, il avait fait tout ça pour moi et j'étais une petite merde de vouloir arrêter.

Je me suis senti triste, honteux. Cette nuit-là, j'ai pleuré dans mon oreiller au lieu de le baiser. Je me disais T'es vraiment qu'une petite merde.

J'aurais été content qu'on foute trois guirlandes en un après-midi. J'avais pas besoin d'un zeppelin gonflable en forme de bonhomme rouge. J'avais pas besoin que ce soit grandiose au point d'empêcher la voisine de faire son deuil.

Je suis persuadé qu'il faisait ça pour moi au début, puis ça s'est inversé. Comme toujours avec lui.

Aujourd'hui, après avoir cloué tous ses trucs, on mange. Je lui demande ce qu'il a fait de ce grand Père Noël gonflable de quand j'étais petit. Il l'a vendu. Vu qu'ils sont en plein déménagement entre l'ancienne maison et la nouvelle à la campagne, il faut se séparer du superflu qu'il me dit. Je ris un peu, il me regarde. Je me chuchote qu'il n'est pas le mieux placé pour distinguer le superflu de l'essentiel. Je débarrasse. Il va se coucher. Moi aussi. Dans mon lit, je fixe le plafond éclairé par les flammes du poêle. Je crois que je pleure.

Je l'imagine gonfler tout seul cette espèce de gros truc rouge, en plein été, dans le jardin de l'ancienne maison, pour le prendre en photo, pour le foutre sur Leboncoin ou eBay, pour qu'un mec – dont on a sûrement espionné la maison quelques années plus tôt – le lui rachète à bas prix. Je repense au bruit que faisait ce truc.

Je l'imagine ouvrir à l'acheteur, lui serrer la main un peu trop fort et lui donner le grand carton rempli de tous les moments avec son fils. Moments maladroits, silencieux, qu'il n'a pas su rendre joyeux, où on était rarement complices. Moments que je n'ai pas su attraper ni comprendre mais nos moments quand même.

Je me demande si lui aussi y pense en fixant le plafond. Je me rassure : lui ne pense jamais à ces choses-là. Demain je m'excuserai. Je m'endors.

Le lendemain je ne m'excuse pas. Lui continue de clouer des trucs dans des trucs.

Le psychiatre me pousse à lui donner un maximum d'informations sur moi. Il ne faut pas que je lui donne des infos biaisées, je me dois d'être le plus juste et vrai possible. C'est un exercice étrangement sain d'essayer de se décrire sans artifice. Si je mens, il le sentira, je crois qu'il m'a cerné.

Je mesure 1,79 mètre.

Un jour une fille m'a dit qu'elle pouvait me faire confiance juste parce que je lui ai donné ma taille, elle a dit N'importe quel mec aurait rajouté un centimètre pour faire le mètre quatre-vingts, pas toi. Ce qu'elle ne sait pas c'est qu'en réalité, je fais 1,78 mètre.

Petit j'étais bizarre je le sais, on me le disait à l'école et à la maison on me disait trop souvent l'inverse pour que ce soit vrai. J'écoutais des vinyles de Bocelli, Roxy Music, Queen, Toto, R.E.M. que j'avais trouvés en brocante. C'est la chose dont je prenais le plus soin, je les lavais régulièrement, changeais leur pochette, les plaçais avec précaution sur le tourne-disque qu'il m'avait récupéré d'un héritage de je ne sais qui.

Enfant, j'ai pris des cours de tout. Basket, natation, gym, handball, ça ne fonctionnait pas, je me faisais soit gentiment mettre sur le banc, soit ça se tassait petit à petit jusqu'à ce que tout le monde, surtout les parents, oublie ce que je foutais là-bas. J'ai fait de l'accordéon, six ans, je détestais ça, je voulais juste faire un instrument d'adulte pour lui prouver que j'en étais un, pour ça que j'écoute de la musique de vieux en vinyle aussi. J'ai fait du dessin. Six ans. J'en ai retrouvé un d'ailleurs, une fois quelques cartons déblayés, je l'ai vu accroché au mur et ça m'a donné la chair de poule. Un homme stylisé en cartoon, barbu, en robe rose assez fine, se trouve sur le point de tomber du haut d'une falaise. Quelques mètres en dessous de lui, de solides branches, mais il ne pourra pas s'y accrocher parce qu'il porte des gants de boxe. La raison de sa fuite vers le vide ? Des personnages de cartoon, connus cette fois-ci, le pourchassent : Tintin avec une torche, Garfield qui lui pointe une arme à la gueule, Homer avec une pioche, Totoro qui sort les dents… Dans le ciel, on peut lire à l'aquarelle « Quand on est seul, très très seul ».

J'ai rapporté ce dessin à la fin d'un cours, à huit ans, et ils me l'ont accroché au mur de ma chambre. Personne n'a posé de questions. Quand je l'ai redécouvert je lui ai demandé, elle m'a dit Oh mais tu sais, parfois t'étais un peu bizarre.

J'aime l'odeur de ma sueur.

J'oscille entre être très fier de mon pénis, vouloir le montrer au monde entier, et le trouver ridicule, devoir le regarder du coin de l'œil, ne plus me mettre nu facilement. Quand je parlais aux filles, qu'on se chauffait, et qu'elles me demandaient, je disais que j'aimais dominer. C'était faux mais je savais que presque chaque fois, depuis que je parlais à des filles, elles me répondaient avec un sourire que ça tombait bien parce qu'elles aimaient se faire dominer.

Je mets le lait avant les céréales sûrement parce que tout le monde fait l'inverse, et je me place dans la baignoire avant de faire couler l'eau.

Parfois je suis convaincu que je peux accomplir tout ce que je veux, je ressens une rage en moi, créatrice, qui ne s'éteindra jamais. Dans ces moments je rêve de découvrir une planète, d'inventer la cinquième saison, un nouveau dieu, de trouver un nouveau temps pour conjuguer les verbes, une nouvelle heure dans la journée. Rien ne peut m'arrêter, ni l'attraction, ni la gravité, ni même les lois de la Bourse, de la République, de la morale.

Et puis souvent dans la foulée, tout s'écrase. Les idées n'ont pas eu le temps de courir le cent mètres qu'elles se prennent mon crâne. Elles s'écrasent sur mon front et resteront là à tout jamais comme cet insecte écrasé depuis trois ans sur ton pare-brise.

Je suis une merde, je ne ferai jamais rien, je ne serai qu'un raté à tout jamais.

Je voulais être rockeur. Gagner ma vie en criant dans des micros, en baisant qui je veux et en m'habillant avec des fripes bien trop moulantes. Développer un mythe, une idéologie, exposer le tout sur scène, dans des apparitions, pousser les gens à rejoindre cette humeur. D'autant plus qu'à la maison on n'écoutait pas de musique, silence.

Depuis que j'ai compris que les rockeurs n'existent plus vraiment, je traîne une sorte de mélancolie frustrée comme si j'avais dû adapter mon plan de vie et de carrière suite à une décision qui ne m'incombait pas. Le rock est mort, va falloir t'y faire. Parfois le soir je me projette des concerts live de ces figures rock qui ne finiront jamais de scintiller et je pleure toujours devant Freddie Mercury qui fait chanter en chœur un stade immense dans je ne sais quel pays d'Asie. Quand j'étais petit ma mère m'a acheté des disques de Queen et je suis devenu complètement accro à « Bohemian Rhapsody » au point qu'ils ont dû me dire d'y aller mollo parce que je faisais chier tout le monde à la chanter tout le temps.

Je suis très curieux. Dès que j'aime quelque chose je veux tout savoir. Si quelqu'un m'intéresse en soirée je le questionne sur son métier, sa famille, ses amis, les pourquoi de ses comment. Mais si une personne ne m'intéresse pas, je ne fais aucun effort. Je réussis à camoufler ce dédain par de la fatigue mais tout le monde n'est pas dupe et si je sens que j'ai vexé la personne en question, j'actionne alors un instinct de survie qui prend le dessus et me pousse à la curiosité. Un de mes frères m'a dit un jour qu'il détestait cette facette de moi et ça m'a vraiment incité à m'améliorer là-dessus, mais je ne sais pas trop par quel bout prendre ce changement en main.

Je me fais très souvent chier. À part dans le travail, dans la création. Tout le reste m'ennuie. Les discussions, faire de nouvelles connaissances, les amis de mes amis, parfois mes amis, les petites règles de la vie qui font qu'on est obligé de respecter des codes précis pour évoluer dans d'autres cercles. Il n'y a que l'art ou la création qui ne m'épuisent pas. Je pourrais, sincèrement, ne jamais avoir de repos et passer ma vie à bosser sur de l'art, il y aurait des chances que je sois heureux et épanoui. Parfois je suis fatigué de devoir prouver que je suis un génie. Et parfois je suis fatigué tant je me dis que je ne suis qu'une merde qui arrive à bien le cacher.

J'ai très souvent mal au dos, à la nuque. Mon ostéo me dit que j'ai le dos d'un déménageur, de quelqu'un qui a l'habitude de porter un poids. Je lui dis que c'est une métaphore marrante. Il ne rit pas et me répète qu'il faut que je nage pour me muscler sinon je vais m'écrouler dans une dizaine d'années. Je n'en fais jamais rien.

J'ai peur d'être un assisté de la jouissance. De toujours avoir besoin d'aide pour que jaillisse l'émotion. La vie. Les violons dans les films, imaginer d'autres scènes pendant le sexe, le rouge à lèvres sur les filles, les muscles sur les mecs. Ai besoin d'un emballage, d'une petite assistance pour me lâcher.

Je viens d'une famille où on ne se laisse pas faire. Toujours râler parce qu'on peut râler, demander parce qu'on doit demander, exiger quand il faut exiger, s'énerver quand il y a de quoi. Mais ne pas douter, ne pas baisser le ton, surtout pas les yeux, ne pas accepter ce qu'on te dit, ce qui est écrit, ce sont de biens jolis mots faits pour bien te détendre, pour que tu te fasses bien enculer. Pas de ça chez nous.

Il y a quelque chose de l'ordre de la révolte dans cette famille, de la révolution même. Insufflé par le père, récupéré aujourd'hui par les fils et la fille. Combien de fois j'ai entendu, Si c'est gratuit c'est qu'il y a une couille quelque part, te fais pas avoir, relis toujours bien ce qui est écrit, demande à parler au patron, demande toujours qu'ils envoient un mail après le coup de fil, méfie-toi, n'écoute pas, réfléchis bien, demande un autre avis, retourne devant l'appartement aux horaires que l'agent immobilier ne t'a pas proposés pour les visites, il n'y a que les flics qui ont le droit de te demander ta pièce d'identité, tu hurles, tu te débats, tu cours, des gestes, toujours des gestes, se débattre, crier. Enfant j'avais peur des films d'horreur mais j'arrivais à les supporter, à part un qui m'avait réellement effrayé. Un mec, pour se venger d'un autre, l'avait empoisonné. Un extrait de plante tropicale qui immobilise et qui accroît les sens. Il ne pouvait plus crier, plus bouger, plus se débattre. Mes frères et sœur ont trouvé que c'était nul s'il ne criait pas, c'est pas marrant ? Ça m'avait glacé le sang. Se faire marcher dessus et ne rien pouvoir y faire.

Quand je découvre une musique que j'aime bien je peux l'écouter cinquante fois de suite jusqu'à m'en lasser, parfois jusqu'à ce qu'elle me dégoûte. J'ai parfois l'impression de faire la même chose avec les gens.

Je n'ai jamais réussi à m'endormir facilement de toute mon enfance, surtout après les longues journées d'été. S'endormir, c'était un peu mourir chaque fois et je ne devais pas céder ; ne plus être témoin du monde pendant quelques heures, c'était lui laisser la possibilité de me faire du mal, pas à moi directement, je ne pensais jamais vraiment à ça, mais souvent aux autres. Laisser le monde grignoter les autres et me retrouver seul pour le restant des longues journées d'été, la gorge qui se resserre, ça ne doit pas arriver. La nuit, plus aucun bruit, le monde n'existe plus, que du noir et du silence, peur que ça déteigne sur les journées. Le reste de la vie à attendre que demain commence, pire que la mort.

J'imaginais la porte de la maison s'ouvrir lentement, les chiens se faire étrangler par les étrangleurs, les parents se faire tuer par les tueurs, la sœur se faire violer par les violeurs, les frères enlevés par les enleveurs.

Après la brosse à dents, je m'allongeais sur le côté dans le lit, pour fixer la porte de la chambre, une oreille en l'air, antenne à l'affût du moindre bruit. L'autre à plat sur l'oreiller, ferme les yeux, concentre-toi. Parfois, je prenais un couteau en bas discrètement à la fin du repas, le glissais dans la manche de mon pull, montais dans la chambre et le cachais entre le matelas et le bord du sommier. T'auras qu'à l'enfoncer où tu peux, ça doit faire mal.

Dans le lit, j'attendais patiemment les gazouillis des oiseaux de l'arbre du jardin, vers 4 heures, j'attendais la preuve que tout était encore là. Je ne bouge pas, j'écoute, elle va se coucher, il regarde toujours la télé. Minuit sur mon petit réveil aux chiffres orange pétant, il la rejoint, plus personne pour surveiller la porte d'entrée. Plus aucun bruit dans la grande maison. Tout est possible.

Chaque soir, mon oreille qui siffle, j'entends un rythme sourd, régulier, ça m'effraie. Plus j'ai peur, plus ce rythme accélère, plus le bruit devient clair, se rapproche. Parfois je tente de mettre une image sur ce son, le monde n'est plus là, à moi de l'imaginer. Je visualise un train, un vieux train, du style locomotive à vapeur, dont les roues avancent au rythme de ce rythme qui ne veut pas me lâcher. Le train grimpe le long d'une immense montagne pointue, il fait des tours, s'enroule sur la roche comme un serpent. Si je prends peur, le train accélère, la nuit me tombe dessus, les lumières du wagon s'allument et je vois les autres passagers. Des crânes visqueux, des corps à trous, des membres difformes, des griffes. Le train, toujours plus rapide. Impossible de sauter par la fenêtre. Pour aller où ? Bientôt le sommet, il se passe quoi après le sommet ? J'ouvre les yeux, je me redresse calmement, je respire fort, tout va bien, je descends quelques marches sur la pointe des pieds, les entends ronfler, c'est bon. Dans quelques heures les oiseaux, le soleil, le petit déj, les miettes de pain grillé dans le coude. Il m'arrive de m'endormir assis, contre le mur, pour ne pas entendre le train.

Aujourd'hui je sais ce qu'était ce rythme qui m'a effrayé de près ou de loin pendant la quasi-totalité de mon enfance, et je me sens stupide. Le va-et-vient du sang dans les vaisseaux de mon oreille, le bruit rebondissait contre le tissu de l'oreiller. Plus j'avais peur, plus mon cœur s'emballait, plus le train accélérait, et plus j'avais peur, un cercle vicieux, de moi à moi.

Elle fait la vaisselle, le repas vient de se terminer, les assiettes creuses n'entrent pas dans le nouveau lave-vaisselle, doit les faire à la main. Lui et moi, on regarde une émission sur les crimes, ça me fait peur, mais je dis que Non, ça me fait pas peur.

Le Grêlé, violeur et tueur de petites filles qui n'a – à l'époque – jamais été condamné, ni retrouvé, ni même identifié. Le Grêlé, c'est la fin qui se cache quelque part, sûrement pas loin, sûrement dans notre rue, tout est possible.

Le journaliste décrit les faits en détail et je sens qu'il écoute en s'accrochant à la table, je sens que l'émission, que la maison, que nous, ce n'est plus sa priorité. Maintenant sa priorité c'est annuler le monde, arrêter tout ça, arrêter les hommes. Il se rigidifie, bloc de granite, rien ne rentre, rien ne sort, même pas l'air, même pas l'eau, il se place en dehors du reste. Le salon rétrécit, j'arrête de respirer, je ne fais plus aucun mouvement, c'est pas le moment. Il laisse passer quelques mots entre ses dents serrées, Si un mec t'avait touché, je t'explique pas. Il se tait et me laisse faire le travail, me laisse imaginer, lui qui tue, lui qui massacre, qui met feu, qui brise, qui fracasse, qui pousse du haut d'une falaise, qui maintient la tête sous l'eau, qui attend que les bulles s'arrêtent, lui qui attache, qui imbibe, qui craque l'allumette, qui réchauffe ses mains sur les flammes. Lui qui creuse, lui qui jette tout au fond, lui qui recouvre, lui qui plante de l'herbe qui prendra racine dans la vengeance, lui qui m'aime tellement qu'il serait prêt à faire tout ça. J'imagine. Lui qui m'aime.

Sensation étrange, j'en suis sûr là, maintenant, dans le canapé, je le regarde, plus de trace de ce doute que je ne contrôle jamais d'habitude, de ce doute qui s'immisce toujours quand je suis avec lui, plus là, ailleurs, il l'a enterré avec le reste sûrement. Il m'aime. C'est visible, ça remplit le salon, je peux le toucher du doigt, ça sent bon.

Ce soir-là, je m'endors rapidement, en souriant, je me dis que pour lui aussi, l'enfer serait de passer les prochaines longues journées chaudes d'été sans nous, qu'il ne laisserait jamais une chose pareille arriver. Des petites filles sont mortes et moi je dors sur mes deux oreilles, pas de train, pas de monstre, demain tout sera là, il vient de m'en faire la promesse.

J'aimerais les collectionner, ils deviennent des statues, plus de départ, plus de Je dois y aller, plus de On se voit semaine pro, juste une promesse, celle qu'ils ne bougeront pas pendant leur sommeil. J'adore regarder les gens que je pense aimer dormir. Je prends souvent le temps de les regarder, mes frères, ma mère, Sara, lui, lui aussi, tous les autres. Je m'assieds, je regarde avec précaution, le sommeil ça se brise facilement. Je réduis tous mes gestes, arrondis tous mes angles, ça m'apaise, méditation, je les prends même parfois en photo discrètement, souvenirs au musée.

La nuit, je pense à mes problèmes, je suis trop lâche pour y penser en journée. La nuit, je me dis souvent que ces problèmes-là sont des problèmes de merde, que je pourrais décider d'y remédier, que ce serait facile. La nuit, je me dis que quand le soleil sera là, à nouveau, je réglerai tout ça, j'agirai, mais je sais que ce sont des promesses de la nuit, des promesses qui ne se réveilleront pas avec moi le lendemain, des promesses qui vont mourir à l'aube. La nuit, j'essaie de ne pas être seul, sinon souvent je pleure et je n'aime pas pleurer allongé, les larmes coulent dans les oreilles. La nuit, je convie toujours quelqu'un à partager ma frayeur, sans le dire, à m'accompagner dans ma tempête, parfois personne ne vient, et je ne change pas les draps, j'aime que mes draps sentent les gens avec qui j'ai dormi. La nuit, quand quelqu'un dort avec moi, j'aime que sa tête soit sur mon torse, j'aime que mon cœur soit écouté. La nuit, j'ai peur de rêver à nouveau de moi qui tue, qui me tue, de moi qui viole, qui me fait violer. La nuit, je pense à ce couple que j'aime, j'aimerais être le troisième, sans être réellement important pour eux, en dehors de l'équation, juste le signe égal, j'aimerais les regarder dormir, ils doivent bien dormir. Assis sur une chaise, juste les voir rêver. La nuit je repense à cette émission que j'avais regardée enfant qui disait que pendant le sommeil on gagne jusqu'à quatre centimètres parce que la pression atmosphérique nous aplatit horizontalement, et que c'est pour ça que je parlais toujours aux filles que le matin en primaire et au collège. La nuit, j'essaie d'imaginer ce que ça me fera quand il n'y aura vraiment plus personne autour. La nuit, je pense à ma mère qui, alors qu'on dîne devant un reportage sur des enfants placés en foyer après le suicide de leur mère, nous dit Quelle honte, moi si un jour je me tue, je vous emporte avec moi. Je la comprends tellement aujourd'hui. La nuit, je pense à toutes les méchancetés qu'on a pu gueuler à notre sœur mes frères et moi.

La nuit, je repense à ma sœur qui fait semblant de s'amuser sur les autos-tamponneuses aquatiques.

Rien que d'y repenser je pourrais pleurer comme un gamin qui vient de faire tomber sa glace, alors que c'était il y a douze putain d'années.

On les a suppliés toute la journée et toute la journée ils nous ont dit non. Puis, la nuit a commencé à tomber, il nous a demandé si on voulait vraiment y aller avec un sourire en coin, bien sûr que oui on veut vraiment y aller. Il donne un billet de dix euros à ma sœur et m'en donne un aussi, Merci, elle nous y accompagne en voiture. La fête foraine qui s'est installée hier dans le parc de la salle des fêtes de la ville voisine. C'était la meilleure ville, tout en haut du classement des quelques villes que je connaissais, tous ceux qui étaient cool à l'école habitaient là-bas, je rêvais d'y vivre. Ils faisaient des concerts pour la Fête de la musique, ils avaient une grande piscine municipale toute blanche, on voyait toujours des groupes de garçons s'amuser à vélo dans les bois et surtout deux fois par an ils avaient la fête foraine, je rêvais d'avoir la fête foraine à portée de main, de pouvoir y aller quand je veux, à pied. Dans ma ville à moi, il n'y avait pas grand-chose. On se réunissait au terrain de basket devant le collège, mais on n'avait pas de ballon. On faisait du vélo sur la colline de terre, un truc gigantesque. Ils avaient abandonné là toute la terre qu'ils avaient creusée pour créer le lac artificiel, ce qui en faisait une colline artificielle. Tout dans ma ville l'était, artificiel, mes amis, on s'entendait pas bien, on s'aimait pas beaucoup, mais on n'avait pas le choix, personne d'autre, alors on faisait semblant de bien s'entendre. Souvent on faisait semblant de s'amuser, on jouait à la vie. Des rires artificiels. Je passais mes journées avec Benjamin juste parce que son nom de famille commençait par la même lettre que le mien et qu'on avait été placés à côté en sixième. Ordre alphabétique. Je le trouvais bizarre, il aimait les armes, rêvait de s'en acheter à ses dix-huit ans. Chez lui on regardait des vidéos de guerre, ou de gens qui se prennent des coups de couteau, parfois il venait au collège avec un scalpel et me le montrait discrètement au fond de son sac. Il me trouvait bizarre parce que moi j'aimais pas les armes, je ne le lui disais pas, mais il le sentait, me demandait souvent, question piège, mon arme préférée, Fusil à pompe, j'aime vraiment beaucoup les fusils à pompe. Je lisais des articles sur les armes en ligne pour qu'on ait des choses à se raconter. Je lui disais que moi non plus j'avais pas peur de l'enfer, que moi aussi je tuerais si un jour quelqu'un menaçait ma famille, que moi aussi j'hésitais à entrer dans l'armée plus tard. On se faisait croire qu'on était amis et on y croyait, on jouait à l'amitié comme on joue à la guerre, si t'y crois pas ça sert à rien d'aller se battre.

Le plus artificiel, c'était notre salle des fêtes. Elle me faisait froid dans le dos. On y allait si souvent dans l'année, pour les mariages, les anniversaires, les enterrements, le bingo au profit de la maison de retraite, les soirées du service jeunesse. Toujours les mêmes chaises en plastique marron, toujours les mêmes ballons qui traînent au sol parce qu'ils se dégonflent en treize minutes, toujours les mêmes musiques sur les mêmes enceintes qui grésillent dès qu'il y a un silence, il ne faut pas qu'il y ait de silence, vite, on parle, on comble. Toujours la même macédoine, le même taboulé, la même salade de riz, disposés dans des plats en plastique imitation métal sur le même buffet recouvert de la même nappe en papier blanc à motif fleuri. J'en ressortais toujours triste, je sentais déjà un truc pourrir au fond pendant le trajet en voiture pour y aller, Sophie et Thierry se marient, Hugo a dix-sept ans, c'est le 31 décembre, faut faire la fête, c'est le moment, c'est l'endroit. Cette salle a été pensée, construite, aménagée pour qu'on y fasse la fête, ce sera toujours ici la fête, jamais ailleurs, alors faut danser, c'est obligatoire, même si la semaine dernière on honorait la mémoire de Claudine dans la même pièce, partie trop tôt la pauvre Claudine que je connaissais pas mais maintenant, c'est la fête, dix-huit ans, vingt-cinq ans, trente-cinq ans, le mariage, les dix ans de mariage, les cinquante ans, la retraite, l'enterrement. C'est la fête.

Bref, on arrive à la fête foraine, le plan est simple. On fait d'abord un tour de repérage, on voit ce qu'on veut faire, puis on repasse en faisant ce qu'on veut faire. On n'a pas beaucoup de temps, ma mère n'aime jamais rester dans ces trucs-là. Et puis, dix euros ça va vite, faut pas faire n'importe quoi. Moi j'ai pas besoin de repérer, je sais déjà, je veux faire un manège qui fait vomir, parce que je sais que je vais pas vomir, et peut-être tirer à la carabine, parce que j'aime les fusils à pompe. Ma sœur, elle ne sait pas, comme toujours, elle marche lentement, elle regarde un peu partout, elle m'énerve, c'est du temps de maman qu'on perd, on va bientôt rentrer, faut se dépêcher. Elle veut qu'on aille voir tout au fond, personne n'y va, c'est les derniers stands, on dirait qu'ils se sont greffés à la fête tellement ils sont mal agencés, on y va, c'est silencieux, pas d'enceintes ici, la musique s'arrête avant. Je veux qu'on retourne à l'entrée, je veux faire le truc qui va en l'air très vite très fort, ma sœur regarde. Une pêche aux canards, et un petit bassin de cinq mètres sur cinq avec trois petits bateaux bizarres dedans. La dame, qui a l'air toute triste que personne ne s'intéresse à son stand, nous dit que c'est comme les autos-tamponneuses, mais sur l'eau. Ma sœur me demande si je veux faire ça, ça ferait plaisir à la dame, je dis que même pas en rêve et puis qu'est-ce qu'on s'en fout de la dame toute triste. La dame dit que c'est à deux, je dis que non, merci. Ma sœur y va quand même, seule, elle monte sur le petit bateau, et elle me regarde, en faisant semblant de s'amuser pour me montrer à quel point j'ai eu tort de ne pas l'accompagner. J'y repense très souvent le soir et ça me tord l'estomac, je repense à ces faux rires qu'elle a lâchés, je repense à son petit bateau qui fonce dans les autres bateaux à l'arrêt, je repense à la dame qui lance un chronomètre, Petite tu vas faire semblant de t'amuser exactement cinq minutes et pas une de plus.

C'est l'anecdote de mon enfance qui m'a le plus fait chialer. Et ce qui est encore plus énervant, c'est que je n'arrive pas à savoir pourquoi elle me met dans cet état.

La nuit, quand ils ronflent, ça m'adoucit, méditation, apnée du réel, me sort du temps, ça me berce sans que je m'endorme, ça me garde en vie par contraste. Quand ils dorment ils ne sont que des corps, des corps que j'aime, que je veux serrer, que je dois protéger, des corps avec qui j'ai vécu des aventures, avec qui j'aimerais en vivre encore, des corps qui comme les fossiles gardent les marques du vivant sans être vivants, sont dans un entre-deux apaisé, je les regarde comme une mère, comme un père, comme un chien fidèle. La chaleur, se blottir, non, juste regarder.

Envie de leur dire plein de choses que je ne penserai jamais à leur dire une fois qu'ils seront éveillés, leur mort temporaire m'autorise des pensées. Plus de risque qu'ils les lisent sur mon visage, plus le risque du Dis-moi à quoi tu penses…

Je me demande à quoi ils rêvent, parfois je fais des petits bruits en me disant qu'ils les entendront peut-être de loin, dans les nuages qu'ils se créent dans leurs paradis d'une nuit. Dieu, j'aime être un dieu discret qui contemple sa création qu'il ne contrôle plus.

Le Bonheur va partir à New York, et je vais me retrouver seul comme un con. Je le sentais depuis le début que pour une fois ce serait différent, pour une fois ce ne serait pas moi qui me désintéresse, qui me lasse, qui me rend compte que je préfère encore mal supporter ma solitude que continuer à deux. J'ai toujours su que c'est de lui que viendrait la séparation. Je ne pensais pas qu'elle serait physique mais il a prononcé les mots. Je pars en janvier à New York, juste deux semaines, pour voir. Voir si la vie là-bas lui irait. Tout de suite je comprends et je vois qu'il comprend que je comprends. On aurait pu en discuter, vu qu'on sait tous les deux où ça mènera, mais non, on a échangé une seconde de regard intense où nos yeux voyaient le même scénario inévitable. Tout de suite je pense que c'est hyper romanesque, que ce sera comme dans les livres, les films, quand ceux qui sont censés être ensemble à tout jamais doivent se séparer pour des raisons qui les dépassent. Pour une fois que l'amour est brisé par autre chose qu'un pénis mou qui n'est plus excité par un corps qui n'excite plus, qui ne surprend plus, un pénis qui bande mou de ces discussions molles qu'on n'a même plus envie de s'enfiler, un pénis ramolli par une routine dégueulasse qui n'est même plus rassurante.

Son travail ne se passe plus comme prévu à Paris. Une grande carrière l'attend, je ne connais rien à son métier, pourtant je n'ai aucun doute sur cela : il sera un grand. Mais pas à Paris, enfin c'est ce qu'il croit. Des gens à New York lui font du pied, il me l'a dit plusieurs fois et par lâcheté je n'ai jamais osé commenter de peur de faire exister cette porte de secours. S'il la prend, je devrai rester seul dans l'immeuble en feu. Par lâcheté, je continue de lui rabâcher que les choses vont se passer à Paris alors que je n'en sais rien. Je ne lui mens pas, j'y crois, mais j'omets de lui dire qu'elles pourraient très bien se passer à New York. Que je vois ses rétines s'illuminer quand il parle de cette ville à six mille kilomètres. Que je sens qu'il serait génial là-bas. Je ne dis rien de tout cela. J'attends de voir. Je continue de penser qu'on peut faire un grand bout de chemin ensemble, mais New York ne peut pas être une destination commune. Puis je pense, j'imagine, qu'on pourrait se quitter un temps, se retrouver des années plus tard, une fois nos carrières installées. Validées. Établies. Une fois nos doutes rangés au placard, on pourrait se retrouver et vivre ce qu'on a à vivre. Ça pourrait nous laisser un bel horizon à atteindre, un objectif concret, une direction de vie qui n'est pas portée sur du remplissage, de la notoriété ou de la richesse. Un truc banal, simple, que tout le monde a au fond du cœur à un moment. Il existe quelque part quelqu'un à qui je suis destiné et qui m'est destiné. Quelqu'un avec qui je sais que je dois vivre.

On joue à un jeu de temps en temps qui est : si on faisait un enfant avec nos deux ADN, quels traits physiques ou de caractère tu aimerais qu'il prenne de toi ou de moi ? On est assez d'accord sur tout. Lèvres, lui. Yeux, lui. Cheveux, moi. Jambes et fesses, lui. Épaules, lui. Pec, moi. Humour, moi. Discipline, lui. Détermination, tous les deux. Débrouillardise, moi. Rapports sociaux, moi. Mais on a longtemps débattu sur les doutes. De qui prendrait-il la manière de douter, la zone de doute. Et on s'est rendu compte qu'on doutait beaucoup, tous les deux, qu'on avait de grosses angoisses, mais opposées. Lui est très sûr de lui. Il a juste peur que personne ne lui laisse la place et la tribune pour montrer son talent. Moi je ne suis pas sûr de moi. Mais je suis sûr de l'impact que je pourrai laisser si j'arrive à convaincre les gens de me laisser une place. Il a une angoisse beaucoup plus noble, beaucoup plus droite, plus romanesque encore. La mienne est un peu minable, elle traîne la truffe par terre. Elle plisse les yeux en espérant que ça passe. Il a quelque chose à la David contre Goliath qui me rend jaloux.

Ça revient une nuit sur deux, c'était un cauchemar au départ, à présent c'est un rêve, un fantasme, ça doit m'arriver là, maintenant. Un coup de couteau par-derrière, la lame qui entre lentement et qui me libère. Je veux sentir ça. Je prends mes clés, je claque la porte, il pleut.

Je marche.

Les gouttes longent mes cheveux et s'y accrochent le plus longuement possible avant de s'écraser au sol.

Je baisse la tête, présente mes respects à la nuit.

Les rues se resserrent, de moins en moins d'air, de plus en plus d'eau.

Les chiens invisibles se cachent pour aboyer, une sirène résonne sur les murs en pierre, impossible de localiser le drame, continue de marcher, redresse la tête, affronte la nuit maintenant.

Dans mes rêves, ça se passe toujours de dos, je le sens arriver, chaque fois le poids des yeux d'un autre contre ma nuque, marche.

Le froid s'oublie, la fatigue aussi, bientôt une heure que tu erres, que tu cherches la confrontation, longe la Seine, les arbres sifflent, tu respires lentement, au rythme des eaux qui glissent vers l'ailleurs, toi tu veux en revenir de l'ailleurs, tu veux revivre le défini, le sûr, le serein, l'apaisant.

Étrange de courir après un rêve, ce n'est pas possible, tu devrais rentrer avant d'avoir honte.

Les clochards qui dorment face contre terre, le sol est chaud. Personne ne regarde, cherche encore. Les oiseaux se réveillent, le jour pointe le bout de son soleil, ça ne sera pas pour aujourd'hui.

Bientôt ma rue, bientôt mon lit, je voulais juste le sentir rentrer, voir si ça fait pareil, si ça me libère. Cette nuit-là je n'en ai pas rêvé, je n'ai rien rêvé d'autre non plus, juste un noir complet de quelques secondes entre aujourd'hui et demain.

Je n'arrive pas à dormir, Le Bonheur me tient trop chaud. Il fait souvent des suées nocturnes et la couette devient un chapiteau à chaleur tournante. Je me lève et file dans le salon. Ça ne m'arrivait jamais avec La Vie, quand on dormait ensemble il n'était plus vraiment là. Dès qu'il fermait les yeux il disparaissait dans son sommeil et je ne le revoyais que le lendemain. Il faut que j'arrête de les comparer et il faut que je fume. Je ne vais pas allumer la hotte pour y cracher ma fumée comme d'habitude puisqu'il dort bruyamment à côté. J'ouvre la fenêtre mais la nuit noire de la campagne me fait regretter mon envie de fumer, tout peut surgir et venir m'attraper, et puis ce maudit carillon de mauvais film d'horreur que le vent fait danser ne m'aide pas. Tant pis, je vais fumer à l'intérieur.

On est partis quelques jours à la campagne pour le Nouvel An, le père n'était pas là-bas. J'ai bien senti que Le Bonheur aurait préféré faire la fête à Paris mais on ne pouvait pas, Covid, il fallait qu'on reste isolés encore quelques jours.

Il y a quelque chose qui me met mal à l'aise dès que je pense à La Vie en présence du Bonheur. Comme si ma pensée était malsaine, je me sens sale, manipulateur, un mauvais méchant qui a un plan en tête.

Ils ont quelques points communs. Plus jeunes que moi. L'insouciance brute qui coule dans leurs veines. Leur couleur de peau. Ce point me met mal à l'aise. J'essaie de croire qu'on ne choisit pas ce genre de choses. Je culpabilise de me dire que je suis peut-être tombé dans une recherche malgré moi, un schéma, qui me dépasse. Je me fais la liste des garçons blancs avec qui j'ai couché.

Mis à part ça, et le fait que je suis leur père dans les moments critiques, ils ne se ressemblent pas.

La Vie a grandi comme moi en banlieue, d'ailleurs on a passé sans le savoir notre enfance à six minutes de voiture l'un de l'autre dans cette zone traîtresse qui n'est ni la banlieue ni la campagne mais une sorte de frontière floue entre les deux où aucun maire n'a voulu trancher. Des immeubles de trois, quatre étages aux murs gris crépi taupe, aux petits jardins délimités avec leurs barrières Castorama en bois clair qui noircit mal après la première pluie. Et juste à côté un champ de je ne sais quoi qui n'attendait qu'à se faire acheter pour y construire l'immeuble voisin.

Le Bonheur, lui, est un pur produit parisien. Il y a trouvé sa passion et c'était, je crois, ce qui me pesait avec La Vie, il n'avait pas encore trouvé la sienne et je lui en voulais de m'en vouloir d'avoir trouvé la mienne. Il était heureux pour moi, je le sentais, mais ne comprenait pas pourquoi l'écriture devait passer devant tout le reste, tout le temps, pour toujours.

Quand il dort, Le Bonheur bouge, ronfle, et si ce n'est pas le cas, il a une respiration saccadée sur laquelle j'essaie d'accorder la mienne pour la camoufler. Comme pour faire une harmonie de respiration. Ce que je trouve mignon ce sont ses petites phrases dans son sommeil. Il sort par moments de sa nuit pour quelques secondes et tente de raccorder la réalité du lit à son rêve. Il peut me demander quand est-ce que je rejoins mes amis pour le dîner, ou bien s'énerver sans raison. Il montre parfois plus d'émotions vives en quelques secondes de déraillement nocturne qu'en plusieurs journées d'éveil. Au début cela m'effrayait, maintenant je m'en amuse, je tente de le relancer, de lui envoyer en pleine figure le présent pour qu'il se rende compte de l'absurdité de ses phrases. Parfois très vite il comprend mon petit jeu et s'en amuse, me caresse le bras et replonge instantanément, et parfois notre échange s'étale un peu, avec difficulté, comme un ping-pong de fin de soirée arrosée, mais cela révèle toujours quelque chose d'intéressant. Cette nuit, alors que j'essayais de faire taire la culpabilité que j'ai toujours à les comparer, il m'a donné une petite tape et m'a dit, Bâtard. J'ai tout de suite embrayé, très sincèrement, comme si j'avais pensé à voix haute, Qu'est-ce que j'ai fait ? Il a marmonné. J'ai compris qu'il fallait vite que je le harponne et je l'ai bousculé en retour en répétant ma question. Il m'a dit, à moitié dans les vapes, Tu m'as dessiné un cœur moisi. Ça m'a glacé le sang, j'ai fait mine de prendre ça à la légère, même expiré un peu fort du nez pour mimer un rire contenu. J'ai attendu quelques minutes à peine, qu'il retourne bien profondément où il était, et je me suis levé pour aller écrire.

Est-ce que je suis en train de lui offrir un cœur moisi comme refuge ?

Je cherchais la première classe et effectivement il y a moins de monde et plus de places. Une petite porte sépare la seconde de la première, c'est le TER entre Auxerre et Paris, de retour de la campagne. Un regard lorsque je passe cette petite porte, quelle merde a besoin d'être en première classe pour un trajet si court, c'est vrai.

Par la fenêtre j'observe un couple, deux femmes, tout juste la vingtaine. Clairement l'amour fou. L'une a amené l'autre sur le quai de son TER. Elles ont sûrement dû se rencontrer à une soirée ou en cours à la fac mais l'une des deux habite à une heure de l'autre. On est lundi matin, je suppose qu'après un week-end ensemble, il va falloir abandonner l'amour pendant un temps pour retrouver la vie. Elles sont tendres, front contre front, et se parlent doucement, un rire retombe très rapidement puis, un peu plus tard, une larme est vite essuyée comme s'il fallait effacer tout élément faisant tendre ce moment dans une direction trop dramatique. Parce que ce n'est pas un moment triste, c'est un moment comme on en partagera pendant des années puisqu'on va passer notre vie ensemble. Une valise, une seule. C'est sûrement plus qu'un « À la semaine prochaine » tout compte fait. Un couple de vieux est assis à ma droite, du genre que je déteste. Parce qu'eux se détestent mais continuent, plus de larmes, plus de rire, mais on tient bon quand même, parce qu'on l'a dit devant le prêtre il y a quarante-cinq ans. Depuis dix minutes qu'ils se chient dessus pour une histoire de chien qui n'a pas été gardé depuis longtemps par l'un des deux et à qui l'autre reproche justement de ne plus le garder assez souvent. De le laisser moisir dans le jardin quand il le garde et que ce n'est pas gentil pour Marido qui ne ferait jamais ça si on avait un chien et qu'on lui demandait de le garder. Calmement, pour ne pas que les autres entendent alors que tout le monde les écoute. La femme lui lâche des dizaines et des dizaines de phrases référencées, documentées, des dates, des exemples, des contre-exemples, des proverbes, Mais le chien fait qu'aboyer quand il est dans la maison, Marc. Marc, lui, regarde le quai. D'un coup il la coupe, parle sèchement et haut, cette phrase fera honte à sa femme, non par son fond mais par sa forme, il la crie quasiment : Eh bien dans ce cas tu lui achètes un collier électrique et tu me fais pas chier. Elle se sent humiliée. Reste silencieuse quelques secondes le temps de retrouver ses forces et toutes les petites phrases malignes qu'elle sortira après cette attaque déloyale ne serviront à rien : il a gagné, comme toujours, plus fort qu'elle, il a crié lui. Eh bien ce couple est silencieux d'un coup. Je les écoutais maintenant je veux les voir. Je me dévie de ces jeunes filles amoureuses pour les regarder, je passe de l'essence même de la vie à sa parodie beaucoup trop caricaturale. Les deux se sont rabibochés pour regarder les deux « lesbiennes », c'est la vieille qui lui dit ça. Le mari lève les sourcils à l'évocation de ce mot… On sent dans ces sourcils un émerveillement malsain. « Ça existe », racontent ses poils gris au-dessus des yeux. Elle porte plus un « Quelle honte » sur son visage. Ou alors un amer « La jeunesse d'aujourd'hui fait n'importe quoi ». Elle baisse rapidement les yeux et fait mine de reprendre une lecture tandis que lui insiste. De la malice rejoint la longue liste de ses expressions faciales… J'entends d'ici ses pensées dégueulasses de vieil homme qui a compris récemment qu'on peut accéder au paradis sur Internet si on sait taper les bons mots-clés. Il repense à la laisse du chien, ou même à son collier électrique, et aimerait sûrement bien en mettre au cou de ces jeunes femmes.

Ça me frappe. Les deux jeunes femmes n'en ont rien à foutre. Tout le monde peut les regarder, un journaliste pourrait les filmer en direct pour la télévision qu'elles s'en foutraient. Je suis jaloux. Comment passer ce cap, j'en ai l'envie, mais je ne sais pas comment. Dès que sa main est dans la mienne, je deviens une caméra infrarouge qui repère tout individu à cinquante mètres à la ronde. Le moindre haussement de sourcil d'un vieux dégueulasse serait transmis par ce sixième sens à mon cerveau dans un délai qui mettrait à mal toutes les études sur les synapses. Et là d'un coup, je me rends compte que c'est ridicule. Que je décide d'être Robocop plutôt que John Lennon. J'ai honte. Je me sens vieux.

Je suis retourné dans mon ancien bar, juste en bas de mon appartement d'avant. Ils sont trois serveurs. Il y en a un qui m'aime bien, même trop, il se plie en quatre pour moi. Un autre qui a été converti par le premier, qui me dit qu'il ne sait pas trop ce que je fais mais qu'il connaît ma tête, et le dernier s'en fout et en a juste marre que je reste trois heures dans leur bar. Je sens que ma présence l'agace et je comprends. Je lis, je sors fumer, je rentre, je regarde dans le vide, je retourne fumer, j'écris quelques lignes et je fume pour conclure ce cycle de « travail ». Pour l'agacer un peu moins j'essaie de me forcer à commander quelque chose toutes les trente minutes. Je crois que c'est la durée moyenne des clients ici.

Je ne connais pas le prénom de celui qui m'aime beaucoup et ça m'embête, j'ai du mal à être à l'aise avec lui pour cette raison, car j'ai peur qu'en amorçant une discussion complice, je me retrouve à devoir lui avouer que je n'ai jamais su le sien alors que je me suis terré des dizaines d'heures dans le fond peu chaleureux de son bar avec vue sur la place de la Bastille. Trop tard pour demander, il ne pourrait que mal le prendre et je ne pourrais plus venir ici, je ne m'autoriserais plus à venir. Il a commencé à m'offrir des verres et à suivre tout ce que je postais sur les réseaux sociaux. J'aime qu'il nous serve quand je suis avec des amis, ça me permet de faire un peu le coq, de montrer que j'ai mes « habitudes », que le gars va nous offrir un verre si on se tient à carreau, qu'il va faire un commentaire sec mais enjoué, dans l'énergie qu'on prête aux serveurs parisiens, sur une interview que j'ai donnée il y a quelques semaines, ou un extrait de spectacle posté la veille. Mes amis penseront que « ça y est, ça commence à prendre sa petite carrière ».

Cela fait presque un an que je ne suis pas venu ici. Beaucoup de choses ont changé depuis que j'ai déménagé. En moi et autour de moi.

Mon premier appartement, j'aimais les femmes et j'étais triste. Celui de Bastille, j'ai découvert les hommes, j'ai vécu quelque chose de fort avec La Vie, et j'étais triste. Le nouveau, j'ai quitté La Vie, je me suis mis avec Le Bonheur. Et j'ai laissé la tristesse rue de la Roquette.

Est-ce que j'arriverai à nouveau à jouir avec des femmes si je retourne au 8, rue Lamblardie ? Si je me remets dans le même lit, que je place ma tête dans le même angle qu'à l'époque, l'angle parfait pour voir le reflet du panneau clignotant du restaurant japonais sur le seul arbre de cette rue moche ? Est-ce que mon amour pour La Vie est encore dans le onzième ? Qu'il était trop gros pour être empaqueté dans mes cartons ?

Tout ce que je sais c'est que là, un an après, je me sens bizarre dans ce bar, je me sens en retard. À la bourre.

Il y a un client que j'aurais aimé retrouver, un habitué. Des rides avec un chapeau et un caban vert mélancolie. On parlait de temps à autre, il me fait penser à mon père, à la différence qu'il s'est clairement laissé porter par la vie, qu'il a été vécu, ça se voit physiquement. La dernière fois, juste avant le déménagement, il m'a offert un livre car il a senti que ça n'allait pas. Je l'ai remercié, lui ai dit que c'était tellement gentil. Il m'a répondu sèchement : Tellement gentil ? Ah ben mince alors, quand on fait un cadeau on pense rarement tomber autant à côté de la plaque… Ce n'est pas tellement gentil en fait, c'est Charles Juliet, il était jeune quand il a commencé à écrire et que la dépression le guettait. Tellement gentil… La prochaine fois que tu mordras la poussière, cow-boy, je t'offrirai des chocolats, ça ce sera tellement gentil.

Il a posé un billet de dix sous le cendrier de sa table, a enfilé son manteau et m'a laissé bouche bée, main fermée sur ce bouquin que je ne lirai jamais. Je repense souvent à nos discussions courtes mais intenses et regrette de ne plus avoir de contact avec lui, il pourrait carrément m'aider, par transposition, à résoudre mon éternel problème avec Le Père, j'en suis convaincu. C'est peut-être un signe que je n'ai plus aucune raison de le croiser, il faut régler ça avec le vrai, le mien. Si je le croise je lui donnerai ce livre je me dis, il sera sûrement content d'être dedans, qui sait.

Quelques mots qu'il m'a répondus un jour résonnent encore aujourd'hui, au fil d'une discussion assez banale je lui ai glissé que je n'arrivais pas à être heureux, que je ne savais pas quoi faire pour accéder au bonheur simple, celui qui ne nécessite pas réflexion, et il m'a juste dit en remontant son verre de blanc vers ses lèvres arides, Lâche l'affaire. C'est tout, notre discussion s'est arrêtée là, il l'avait décidé. Peut-être qu'il a raison, qu'il faut que je lâche l'affaire, que comme lui je me laisse porter, une feuille, deviens une feuille. Viendra ce qui viendra. Passera ce qui passera. Quelques semaines plus tard je faisais mes cartons et quittais La Vie.

Je viens de fumer la clope la plus rapide de ma vie, même pas terminée, tout d'un coup, une inspiration. J'étais trop pressé d'écrire, cela fait longtemps que ça ne m'était pas arrivé. Les clopes ont un goût de merde ici de toute façon.

« Je jongle avec une massue en essayant de faire croire que c'est une plume. » C'est ce qu'une des dames avec qui on loge, qui fait un mélange de théâtre et de cirque, m'a dit et ça fait trente minutes que ça tourne en boucle dans ma tête de con. Dehors mes pensées sont interrompues par des bruits secs, des tirs de mitraillette à quelques mètres, ou bien le fracas de la neige molle qui chute par blocs depuis le toit en tôle qui surplombe la maison, au choix.

Je suis à Beyrouth, enfin Hammana, voyage forcé pour m'éloigner de Paris, le psychiatre l'a prescrit. Comme si les pensées suicidaires ne voyageaient pas elles aussi, comme si elles m'attendaient bien sagement à Paris.

Hammana c'est un village paumé dans les montagnes libanaises à quelques centaines de mètres d'une base militaire. Aux alentours, des ruines, des maisons jaune pâle, des chats errants. On y croise des enfants, cheveux sales, survêtements, ou des grands-mères, sacs de courses sous les bras, tête baissée. C'est une maison d'artiste, mon frère m'y a emmené de force, sans forcer, comme il sait y faire avec moi, toujours avec une tendresse infinie, la tendresse du sauveur. C'est ce qu'il essaie de faire depuis plusieurs jours, me sauver, et je m'en veux car je sens que ça ne va plus si mal que ça. Le psychiatre m'a dit que c'était une dépression mélancolique, la forme la plus grave. Même dans la dépression je suis fier d'arriver premier, la plus grave forme de dépression mesdames et messieurs… Je n'arrive pas vraiment à le croire mais suis content des médicaments qu'il m'a prescrits, un antidépresseur assez puissant, un demi-cachet à couper au couteau qui me permet de stopper mes pensées obsessionnelles, ce que moi j'appelle simplement « mes pensées ». Et des somnifères qui me permettent de bien séparer les jours les uns des autres. Jours qui, depuis trois semaines, ne faisaient qu'un seul gros bloc grisâtre, rempli d'hiver et de frayeur. J'avais la même pensée terrifiante du moment où j'ouvrais les yeux à celui où je les fermais. Dès que la journée laissait place à la nuit ça empirait, je suintais de crainte. J'ai arrêté l'alcool à cause des médicaments et une amie dépressive m'a dit que je pouvais reprendre, le psychiatre a confirmé que c'était possible avec modération et j'ai eu l'impression de repasser du côté des normaux. Quand il m'a annoncé cette dépression, je ne l'ai pas cru, malgré le fait qu'il ait quarante ans de pratique, mais ça m'a soulagé. Je me suis dit que mes pensées n'étaient pas vraies et que j'étais juste fou. Que j'étais passé de l'autre côté mais qu'au moins de le savoir me détendait. Je l'ai regardé dans les yeux, fixement, comme pour le cerner, cinq bonnes secondes, volontairement trop longtemps, volontairement dramatique. J'ai pleuré, je ne l'avais pas prévu ça, Donc je suis fou ? Il a laissé un silence, m'a fixé, est rentré dans mon jeu et m'a dit, C'est ce qu'on aime chez les artistes, non ? Cette pensée obsessionnelle, ce drame que je sentais imminent, je ne peux pas encore vous en parler, je ne sais pas si je le ferai un jour, trop peur qu'elle reprenne toute la place. Je l'ai avoué en premier à une amie il y a un mois. Je lui confierais ma vie sans hésiter tellement j'ai confiance en elle. Mais elle m'a dit sans le savoir une phrase qui m'a retourné la tête : Tu sais, dans la vie, plus on pense à quelque chose, plus il y a de chances que ça arrive. Aujourd'hui je trouve ça con, mais pendant ma descente en enfer, ça m'a donné une bonne demi-douzaine de crises d'angoisse. Quand ça m'arrive, je m'allonge, je colle mes mains en glissant chaque doigt de l'une dans le creux des doigts de l'autre et je pose le tout contre mon cœur. Je le sens s'emballer et j'appuie dessus aussi fort que je peux, comme pour le compresser, le dompter, le forcer à revenir à la vie. Ou justement pour le stopper, je ne sais pas. Ça n'a jamais fonctionné mais je n'ose pas arrêter de le faire, c'est une routine familière. J'ai perdu du poids, je mangeais peu et souvent en me forçant. Mon corps a fini par lâcher, une grippe, et juste avant qu'elle se déclare, je me suis retrouvé allongé par terre dans un parking, une clope au bec, la cendre tombant sur mes larmes, mes larmes glissant dans mes oreilles, mes oreilles sur le bitume froid, et le froid me remplissant d'un bloc, ténu. Mes mains contre le cœur qui s'emballe. J'essayais de me calmer avec cette connasse de respiration au carré. J'inspire quatre secondes, je bloque tout, poumons pleins, quatre secondes. J'expire pendant quatre secondes, je bloque tout, poumons vides, quatre secondes. Rien à faire, mille cinq cents personnes m'attendaient dans la salle de spectacle, mon frère était paniqué à côté de moi, ma mère qui venait voir ma dernière date de tournée se rongeait les ongles dans ma loge trop chauffée aux coussins-velours moche. Et moi j'étais là, allongé par terre à attendre que la mort me frappe d'un coup sec dans la nuque.

Ça m'énerve, je sais déjà que je n'arriverai pas à retranscrire les pensées que j'ai eues pendant cette clope express. Je croyais pouvoir raconter fidèlement ces semaines d'angoisse, mais mes pensées se confondent déjà, tout s'éparpille, les sensations se dilatent encore une fois et ça ne paraît plus si grave, c'est du détail. Il me faudra du temps pour expliquer ces derniers mois, cette totale prise de distance avec le réel, avec le monde, ce pas de côté définitif, c'est ce que je pensais, et surtout cette obsession qui a tenté de me détruire. Ça tire toujours à quelques mètres de notre maison libanaise. Mes pantoufles japonaises en bambou tressé se déchirent et des échardes me rentrent dans les orteils, saloperie de truc zen relaxant de mes couilles.

Le psychiatre, qui s'habille comme un personnage secondaire d'un album de Tintin, m'a expliqué que ça s'appelle du mentisme obsédant, ou de la rumination morbide. En gros, le cerveau rend concrètes ses plus grandes peurs pour tenter de se tuer. C'est un type de dépression qui est la plupart du temps héréditaire et qui pousse souvent au suicide.

Les pensées suicidaires, j'ai hésité à en parler au psychiatre, et puis c'est ce que j'ai fait en premier, j'ai pas réussi à garder le secret.

J'ai pensé : si je me tue, comme je viens d'acheter un appartement, mes parents hériteront des dettes. Mais si je mets le feu à l'appartement puis cours chez mon frère pour sauter de son sixième étage à lui, l'assurance prendra en compte le reste des échéances, ça n'encombrera pas mes proches.

Si un burn-out c'est une entorse, ce que vous avez est une fracture ouverte, c'est plus grave mais si c'est bien soigné vous pourrez très vite remarcher. Avec un sourire qu'il m'a dit ça, je souriais aussi, mais pleurais des larmes chaudes et me mouchais en m'excusant à chaque bruit de sanglot. Je sens que les médicaments font effet, je me sens mieux, toujours anxieux, je fume plus de clopes que jamais, mes ongles sont à vif tellement je les ronge, l'intérieur de mes joues cicatrise, j'ai passé un mois à le ronger avec mes canines. Je n'arrive pas à rester en place, me lève sans cesse pour me rasseoir au même endroit dix secondes plus tard, j'erre comme un vieux chien à qui sa colonne vertébrale fébrile ne permet plus de trouver une position agréable pour s'asseoir. Je sens encore une légère distance avec les autres, comme un problème de connexion avec le monde, une petite perte de couleur par intermittence, mais je ne suis plus aussi loin, je le sens. Mes frères ont tout plaqué pour m'accompagner, ils ont compris que c'était grave. Il y a quelques jours j'étais incapable de sortir dans la rue. Je tremblais de peur et n'arrivais pas à dormir deux heures d'affilée sans me réveiller en sueur et en panique. Il y a encore quelques jours j'étais sûr que j'allais me tuer, c'était une histoire de semaines. Le psychiatre m'a dit que, pour ce type de condition, il devrait me placer en clinique, mais mes frères ne l'ont pas laissé faire et ont pris la responsabilité de me surveiller vingt-quatre heures sur vingt-quatre. Le Bonheur aussi était à mes côtés et j'ai réussi à lui parler de mes pensées. Il ne m'a pas jugé, a essayé de m'accompagner, mes frères aussi, ils m'ont partagé leurs expériences, le plus grand m'a même emmené une journée à la mer pour voir les vagues et l'infini, pour me faire comprendre qu'« il y a un plus grand que soi ». Rien à y faire, je restais terrorisé, commençais même à m'habituer à être traversé par des frissons des oreilles aux orteils. C'est depuis ces deux pilules et demie par jour que ça va mieux. Ce qui me met mal à l'aise avec mon autre frère actuellement, c'est qu'il a complètement annulé sa vie pour me suivre, m'aider, mais maintenant ça va mieux, il veut sauver quelqu'un qui n'a plus besoin d'être sauvé. Parfois pour lui donner l'impression que sa mission a autant de valeur qu'il le pense, je profite de mes moments de détresse pour les lui exposer, je force les regards dans le vide, je sens que ça nous rassure tous les deux. Même si ça va mieux, j'ai toujours un poids sur les épaules dont je cherche à comprendre la consistance, mais lui aussi doit sûrement se dire qu'il est utile, grand frère qui veille sur son petit frère qui s'éloigne de la vie.

J'ai tout tenté quand j'ai compris que ça allait trop mal. J'avais senti que cela mijotait depuis longtemps, que c'était d'ailleurs l'inverse d'un burn-out. Je me suis rajouté le plus de travail possible. Pour contrer l'appel du vide. Pour contrer ce moment où, parce que je n'avais rien à faire, je me mettais à faire confiance à la petite voix tenace qui me disait que j'étais une horrible personne. Je ne sais pas d'où ça vient, mais dès que je vais mal c'est le même schéma. Je me dis que je suis une affreuse personne, que je fais beaucoup d'efforts pour le cacher, que je mens à tout le monde, que mes intentions sont mauvaises, que je noircis les gens avec qui je passe du temps. Et surtout, que je vais être exposé, que tout le monde verra le dessous de l'iceberg, celui qui trempe dans les eaux sombres, que je me retrouverai seul, déchu, poisseux, toxique, plus vraiment un homme, pas encore vraiment un mort, que je n'aurai plus qu'à errer ou à m'enterrer, même chose. Au retour de la mer avec mon grand frère, on est passés en voiture de nuit près d'une dune et j'ai songé, Quand ça arrivera c'est ici que je viendrai m'enterrer. Et puis mes pensées sont allées si loin que ça s'est retourné contre les autres. Ceux qui veillaient avec amour et bienveillance sur moi me voulaient du mal, ils avaient déjà cerné l'horrible personne que j'étais et ils fomentaient un plan dans mon dos. Le Bonheur voulait se venger, il devait s'imaginer que je le trompais ou je ne sais quoi, mes frères complotaient pour me détruire. Mon amie qui m'apportait des sels de bain relaxants pour essayer de calmer mon anxiété était une sorte de sorcière. Elle avait en fait jeté un mauvais sort sur ces sels et c'était à cause d'eux que je me retrouvais enfermé dans cette folie terrifiante. Je me disais qu'il fallait que je retourne dans mon enfance, dans mon lit une place avec mes parents qui écoutent la télé trop fort dans le salon un étage plus bas, à l'époque où tout le monde me laissait tranquille, où tout le monde se foutait de moi, où je recevais de l'amour sans avoir besoin de faire quoi que ce soit. Où j'avais juste besoin d'apprendre des leçons, de manger, de dormir, de dire bonjour, merci, au revoir aux grandes personnes et où j'avais encore seulement mon imagination pour appréhender ce que serait ma vie. Voilà, je voulais revenir au moment où la vie n'avait pas vraiment commencé, où elle n'était pas collée à moi comme un gant chirurgical qu'on a mal talqué. Tout brûler et tout recommencer.

Je suis passé en coup de vent chez les parents. Croiser à nouveau ma chambre d'enfant. Elle ne m'est plus vraiment accessible. Ma mère y a foutu plein de cartons, comme dans toutes les chambres à l'étage. Elle lui ment sur le nombre de cartons qu'elle stocke vu qu'il ne monte jamais mais parfois il monte à l'étage et ils s'embrouillent beaucoup.

— Tu fais vraiment chier à tout garder, qu'est-ce qu'on va en foutre ?

— Mais laisse-moi, ça me fait plaisir !

— Je m'en tape, on peut même plus aller dans les chambres !

— Mais qui va aller dans les chambres du haut ? Ils habitent plus là de toute façon…

Je crois que leur amour a toujours été très triangulaire. Lui, elle, et les enfants. On est six enfants, un tous les trois ans quasiment. Et puis à un moment on s'est barrés, un tous les trois ans quasiment aussi. Chaque fois qu'un de mes frères partait j'essayais de récupérer sa chambre, plus grande – j'avais la plus petite, je suis le plus petit – mais elle refusait : Non, on ne sait jamais, s'il revient.

À un moment j'étais le dernier, toujours dans la même chambre. Elle était devenue silencieuse la maison familiale, enfin juste la maison maintenant. Je sentais dans ses yeux à elle qu'il ne fallait pas que je parte. Que je ne partirais pas sans casser quelque chose. À dix-sept ans je travaillais à la télé, je gagnais des sous, j'ai pris un appartement à Paris, c'était plus simple. Au début, j'ai culpabilisé, je revenais les voir tous les dimanches, comme une cérémonie. Leur triangle, c'était devenu une ligne toute plate. De lui à elle. Ils se faisaient chier. Je pense qu'une fois seuls, tous les deux, une fois que je les avais lâchement abandonnés, ils se sont regardés et ils ont pensé, Ah du coup c'est ça jusqu'à la fin ? Et ils ont commencé à beaucoup s'engueuler. Souvent pour des trucs cons d'ailleurs, comme ses cartons.

Elle aime stocker, tout. Je crois que ça lui permet de ranger le passé, de savoir où il se cache, pour que jamais il ne l'abandonne. Je l'ai compris quand je l'ai vue fouiller dans son bazar. Elle fouille dans sa vie, elle reprend des couleurs en ouvrant les cartons des petits vêtements qu'on portait quand on faisait quarante centimètres et qu'on tenait encore tout entiers dans ses bras. Aujourd'hui dans ses bras, c'est des bouts de tissu qu'elle tient, ses souvenirs, elle ferme les yeux, renifle un peu, et c'est pareil. Comme un parfum qu'on n'oublie pas.

Chaque fois que je leur rendais visite, il y avait de

plus en plus de cartons à l'étage. Des centaines de trucs marron s'empilaient partout comme des mauvaises herbes. Ça me prenait un temps fou de les bouger pour pouvoir dormir, du coup je venais de moins en moins, ou juste l'après-midi, ou juste pour un repas, et quand je montais voir ma chambre, toujours plus de cartons.

Elle avait fait son choix. Les souvenirs avaient pris notre place.

Nous, ça nous arrange qu'elle garde tout, elle est devenue une sorte d'Amazon sous forme de petite dame surexcitée. Si je veux faire un pique-nique avec des amis, je sais qu'elle aura des assiettes jetables à motifs qu'elle a gardées de son mariage, des fourchettes en plastique récupérées à l'enterrement d'une tante de Poitiers, et même un panier en osier trouvé par terre dans la rue – C'est dingue que les gens laissent pourrir des trucs neufs comme ça, regarde, sens, ça sent bon ! Elle veut toujours tout nous faire sentir, comme si l'odorat ne mentait jamais, si ça sent bon c'est que c'est bon.

Une année, j'avais oublié de lui acheter son cadeau pour Noël. Je suis monté, j'ai fouillé dans les cartons, j'ai emballé un truc, je suis redescendu, j'ai attendu que ce soit son tour, je lui ai offert le paquet, elle était contente, je l'étais aussi. Elle ne se souvenait pas qu'elle l'avait déjà, ce truc, je ne me souviens même plus de ce que c'était, elle non plus sûrement.

Maintenant je l'ai accepté et je les aime bien ces montagnes d'inutilités dans ma chambre. Il y a un côté La nature reprend ses droits, un côté Faut que je coupe des lianes à la machette pour avoir accès au bureau. La seule chose qui m'embête c'est que ma boîte à souvenirs à moi, c'est le lit une place au fond de la chambre, sous le Velux. Et je n'y ai plus accès à ce lit, celui de l'enfant que j'étais, mon enfant, quand ma vie était bien délimitée : mon lit, ma chambre, la salle de bains, le salon, la cuisine, le bus, l'école, le McDo et c'est tout. C'était simple.

Petit, la nuit, allongé, j'ouvrais le store et je fixais la lune qui glissait sur les nuages, j'étais bien, je ne pensais à rien. J'avais des petites boules de machins trucs qui macéraient dans le ventre, qui s'étaient accumulées au fil de la journée, à l'école, mais je n'avais pas les mots à foutre dessus pour les comprendre. Je fixais la lune, puis je fermais les yeux et elle était encore là, toute ronde, imprimée sur l'intérieur de mes paupières pendant quelques instants. Puis elle disparaissait, quittait le carré délimité par mon Velux, et ma boule dans le ventre aussi.

En journée, quand je savais qu'il allait m'engueuler – je savais que j'allais y passer quand il disait Descends, calmement depuis l'escalier –, je m'allongeais vite dans le lit et je regardais le soleil, jusqu'à ce que je n'en puisse plus, jusqu'à ce que mes yeux soient rouges, que les larmes soient prêtes à jaillir. Là, j'étais prêt. Quand il gueulait, il voulait toujours qu'on le regarde dans les yeux. « Regarde-moi, là ! » Il m'attrapait le menton pour le relever. Alors je le fixais, dans les yeux, et j'avais toujours le soleil au centre, pendant qu'il me gueulait dessus, je le voyais pas, juste un gros point blanc et des bras qui s'agitaient autour. Le soleil il met du temps à partir quand tu l'as regardé trop longtemps. Parfois même, les yeux rouges m'aidaient à pleurer plus facilement, pour me faire pardonner ce que je devais me faire pardonner. Puis je remontais dans mon lit, je fermais le store, et je fixais le plafond, ça faisait moins mal aux yeux.

Aujourd'hui, quelques jours avant Noël donc, j'ai bougé tous les cartons. Elle m'a aidé, activité mère-fils improbable, bouger des cartons. Je me demande pourquoi on ne fait pas plus de choses ensemble. Pourquoi je ne parle pas plus d'elle dans ce livre par exemple, elle en mériterait un à elle toute seule. Une fois tout dégagé, j'ai pu dormir à nouveau dans mon petit lit, juste une nuit, un coup d'un soir avec mon enfance. C'était doux comme moment. Étrange de me sentir déborder de mon lit. Quand j'étais petit, il était tellement grand ce lit une place. J'étais pas encore une personne, du moins pas une personne entière, j'étais tellement pressé de le remplir ce lit, je ne me suffisais pas. Aujourd'hui je suis un grand et je me sens souvent tout petit dans mon lit deux places à Paris. Je ne me suffis toujours pas.

Tout m'est revenu. C'est la position, l'angle, la latte cassée au niveau des côtes, le grincement, le plafond jauni, l'odeur du bois qui ont tout fait revenir au galop, tout d'un coup, mon enfance d'un coup.

Je me suis revu aller voler sa taie d'oreiller usagée, dans la panière à linge sale de leur chambre, avant qu'elle rentre du travail, elle est professeure des écoles, pour la mettre sur mon oreiller. Et le soir, m'endormir rapidement, quasiment avec urgence parce que je dormais sur ma mère. Sur son odeur, c'est pareil.

Je me suis revu pleurer dans ce lit, rigoler tout seul, écouter mes vinyles parce que je croyais qu'écouter des vinyles me rendrait cool, lire mes BD, baiser mon oreiller – jamais quand c'était la taie de ma mère, je faisais attention. Je me suis revu pisser sans faire exprès, parce qu'il y avait des toilettes dans le rêve, et une fois en faisant exprès, parce que j'aimais bien quand elle changeait les draps et après elle me caressait les cheveux en me disant que c'était pas grave.

Dans ce lit, en sécurité sous la couette, je me suis revu jurer de ne plus jamais tomber amoureux parce que Melissa avait cassé ma rose en verre. Celle que j'avais achetée au fleuriste avec toutes mes économies, celle qui brillait sur le comptoir, quatorze euros d'un coup, pour une fleur en verre faussement artisanale, parce que je l'aimais vraiment Melissa, d'un amour qui ne fane pas, et que la dame avait dit que j'étais un vrai gentleman, qu'elle avait de la chance ma petite copine et que je la lui avais apportée chez elle pour la Saint-Valentin comme dans les films, et qu'elle avait jeté ma rose au sol, avec un petit sourire que j'avais toujours trouvé charmant, jusqu'à ce que je le trouve machiavélique, en disant Non mais je rigolais quand je disais que je sortais avec toi ! Elle avait claqué la porte. Il neigeait, pas beaucoup, ça devenait vite de la boue. J'avais ramassé les pétales de verre qui s'étaient brisés un peu partout sur les marches rose-gris devant chez elle, je les avais déposés sous mon lit, comme le trésor d'un pirate, comme les cartons de ma mère. Ce soir-là je n'avais pas pleuré sous la couette, je me sentais comme une merde, mais fort en même temps, je n'avais toujours pas les mots. Une merde qui se promet que plus jamais on ne la traitera comme une merde. J'avais juste un peu crié dans l'oreiller comme dans les films, je crois que je l'avais fait justement parce que je l'avais vu dans un film.

Sans que je le décide vraiment, je me suis levé, j'ai entamé les recherches sous le lit, la même urgence avec laquelle on cherche des pansements. Je voulais trouver la rose brisée, je cherchais Melissa, je cherchais l'amour qui me donnait envie de vomir, celui qui était évident, celui que je ne pouvais pas combattre.

Rien. C'était plus là.

Par contre en fouillant, j'ai retrouvé le truc que j'avais offert à ma mère pour Noël quelques années plus tôt, tout plein de poussière, remis dans son emballage d'origine, papier bulle et tout. Un vase, très simple, en verre, assez beau. Je me suis recouché. J'ai fixé le plafond et je me suis demandé, Pourquoi elle l'a rangé ? Pourquoi il est pas dans le salon sur la table, ou dans la cuisine sur les étagères ? Est-ce que maintenant elle range tout de suite les choses, avant même de les vivre ? Est-ce qu'à force de vouloir collectionner les souvenirs, tout en devient un, même ce qu'on est en train de vivre ? Comme si la nostalgie déteignait sur le présent, voire sur le futur.

Je la comprends, la mémoire c'est la vie sans l'urgence de la vie, sans la gravité, c'est l'espace sans le temps. C'est un endroit qu'on façonne, une zone de confort, où l'on peut revivre, une deuxième fois, sans le poids des conséquences, des nuits d'angoisse. Je comprends qu'on ait envie d'y vivre. J'ai lu quelque part que la mémoire fonctionne à l'impression. C'est-à-dire que plus on repense à un souvenir, plus il s'imprime, prend de la place et plus il pousse vers les oubliettes d'autres souvenirs qu'on se rejoue moins souvent. On fixe donc où on veut la frontière entre ce qu'on oubliera et ce qui restera, il faut bien faire son choix. Si j'avais trouvé la rose, je l'aurais jetée, Adieu Melissa, j'arriverai à tomber amoureux un jour, pour de vrai, tu verras, je crois que c'est en train d'arriver, et c'est un garçon, tu te serais bien foutue de ma gueule, hein.

Et là, ça m'a frappé. Elle n'a jamais posé le vase en bas parce que personne ne lui achète jamais de fleurs. Qu'est-ce que je suis con, je ne lui ai pas offert un cadeau, je lui ai juste offert la preuve que plus personne n'a de petites attentions à son égard. Demain j'irai lui acheter des fleurs, et on ressortira ce vase.

J'ai une boule dans le ventre.

J'ouvre le store, la lune ne se montre pas, je m'endors. Le lendemain je suis reparti assez tôt, j'avais un rendez-vous à Paris, je ne lui ai pas acheté de fleurs, je le ferai la prochaine fois.

Le Bonheur m'a rejoint chez les parents. J'ai dû déplacer tous les cartons à nouveau pour qu'on puisse dormir dans une chambre avec un grand lit. On se pose, épuisés, le silence dans la maison pleine de cadres. On se sent ivres, sûrement qu'on a bougé ces cartons trop vite, la tête qui tourne. J'ai l'impression qu'on flotte, qu'on se décolle du monde, de quelques centimètres, on y est, mais on n'en fait plus vraiment partie, on survole le reste, la gravité ne nous intéresse plus. Tout s'étale. Sans se le dire, sans forcer le moment, on pivote en même temps et nos regards se mélangent. On se fixe en silence, allongés côte à côte. Les quelques secondes d'incertitude laissent place à une éternité toute mielleuse. Que tout continue, que la fin de tout soit toujours repoussée, mais que nos yeux restent à dix centimètres de distance, s'il vous plaît. J'esquisse un sourire. Il est trop collé à ma tête pour repérer le soulèvement de mes commissures, mais je sais qu'il saura le lire sur mes yeux. Je ne me trompe pas, il répond de cette moue qui me fait craquer, celle qui laisse apercevoir ses dents blanches et qui allonge ses yeux en amande. J'arrête de respirer un temps, lui aussi. Est-ce qu'on est devenus un ? D'un seul coup dans ma tête, une pensée qui me paraît chaude, qui me permet de partir un peu plus haut, et immédiatement après le doute, qui nous fait chuter. On est de nouveau deux êtres humains qui ne se connaissent pas vraiment encore et qui se regardent de manière un peu gênante dans les yeux. Le recul a repris sa place, le beau moment s'est échappé, il faut que je désarme. « Est-ce que t'arriverais à lire dans mes pensées ? » Il rigole un peu et me dit que non. Je suis persuadé qu'il peut. J'y pense fort, et sincèrement. Il ne trouve pas, mais je vois ses yeux s'écarquiller, sa pupille s'ouvrir. Impossible à expliquer, mais là c'est sûr et certain, on pense à la même chose, ça circule entre nous, plus de frontière, de mur, il est en moi, je suis en lui. Je lui demande de penser à quelque chose, et je lui dirai à voix haute. Je sais déjà, j'en suis sûr. Il me regarde, son sourire s'allonge de malice et j'y vais : Tu te demandes si je voudrais pas t'épouser. Il rigole : Non. Il a aimé ma blague qui n'en était pas une. Je me force à l'accompagner dans ce rire. Il me dit qu'il pensait juste qu'il m'aimait si fort. Je trouve ce moment ridicule, à nouveau, d'un coup. Mon sourire retombe à plat, je comprends qu'il vient de me dire Je t'aime et que je devrais répondre mais je laisse volontairement le temps à mon sourire de disparaître. Ses sourcils se braquent et je sens qu'il ne s'attendait pas à de la gravité maintenant. Tant pis. Le plus bas possible je lui réponds que moi aussi. Quelques minutes plus tard on fait l'amour après s'être frottés intensément parce qu'on s'était promis que je le ferai jouir sans que je le pénètre, je peux plus de toute façon à cause des médicaments. Je me dis que je veux remplir mes onze sacs-poubelle de souvenirs avec lui. Un jour, je l'épouserai.

Noël encore, des cadeaux inutiles, les parents qui reprennent leur quotidien, moi qui erre comme d'habitude depuis que cette dépression me tabasse bien la gueule. Alors que je venais de discuter avec mon frère, je me suis mis à pleurer soudainement. De bonheur. Quelque chose venait de disparaître, un poids immense qui m'écrasait depuis des semaines venait de partir, comme ça. J'ai senti que je lâchais l'affaire…

J'ai passé la soirée à boire des coups, à profiter, à fumer clope sur clope sans me soucier de quoi que ce soit, mes pensées n'étaient plus là, ailleurs, m'en fichais, j'ai rarement autant été dans le présent, on a même fait un *Uno*. Je suis allé me coucher, Le Bonheur dormait à côté de moi, je voulais lui faire l'amour, ça faisait plusieurs semaines que je ne bandais même plus, je voulais qu'il me fasse l'amour, que ce soit lui qui rentre en moi, mais n'ai pas voulu le réveiller. Je l'ai regardé, j'ai pensé que j'étais chanceux. Que je voulais l'avaler d'une bouchée pour qu'il reste à l'intérieur à tout jamais. Je voulais que le printemps arrive, que l'on roule dans Paris sur son petit scooter, le vent chaud nous caressant le visage, mes bras autour de sa taille, ma tête plongée dans le creux de sa nuque. J'ai fixé la fenêtre, la nuit ne m'effrayait plus et tout me paraissait clair. C'est comme ça que j'ai appelé cette soirée par la suite, une éclaircie, l'œil du cyclone. Je sentais que ma vie allait être simple. De l'amour, de l'eau tiède, et beaucoup de rigolade. Je voulais voyager, passer du temps avec mes nièces, aimer passer du temps avec elles, je ne les vois pas assez souvent. Je confonds même leurs prénoms. J'ai envie d'apprendre à cuisiner, d'arrêter de manger pour me nourrir. Je pense à mon ami humoriste qui peut passer une heure à me décrire le dessert qu'il s'est préparé la veille et quand je lui demande pourquoi il en parle autant, il me répond qu'aucune autre discussion ne vaut autant la peine. J'ai envie d'avoir un enfant. Je veux l'épouser aussi, épouser Le Bonheur. La seule chose qui me retient depuis des mois c'est de me dire, Et si un jour ce n'est plus là, l'amour entre Le Bonheur et moi ? Ce qui me fait fuir Le Bonheur c'est la peur de le perdre. Ça me paraît si simple de vivre que je sens que je pourrais facilement ne plus avoir envie de mourir. Je n'arrive tellement pas à dormir que je vais sans le réveiller dans le salon pour manger, et lire, me nourrir quoi. Ça faisait deux semaines que je ne me nourrissais plus ou très peu, que mon ventre et ma gorge étaient si noués que rien ne passait, que le son de ma voix restait bloqué à l'intérieur. Que ça criait en dedans mais sonnait mou en dehors. Je me surprends à parler seul, c'est fluide, ça sort. Ça sort ! Puis je m'endors.

Le lendemain est pire.

La lune n'est plus là, mais les pensées, elles, sont revenues. Repas de famille, il me dit que j'ai l'air énervé, ça m'énerve. Je lui réponds :

— Je suis fatigué.

— Pourquoi ?

— Parce que je tourne sur une série en ce moment.

— Combien t'es payé ?

— Mille huit cents par jour.

— Mouais.

Il me dit Mouais, et moi je quitte la maison, je rentre à Paris, pour de bon. Je ne dînerai pas avec eux ce soir c'est pas grave, il va pas mourir demain que je me dis.

Quelques jours plus tard on part en train à la campagne depuis la petite gare de Bercy, ça sent déjà la province. Les parents y sont retournés après les fêtes et on décide de passer les voir avec mon frère car il est allé à l'hôpital il y a quelques jours, son côté gauche se paralyse par intermittence.

Il vient nous chercher à la gare, il a mis le chauffage à fond dans la voiture. Il est tendre, doux. Quand on arrive il a fait un feu dans la pièce dans laquelle on dort et il a acheté des fleurs. On le souligne et il dit C'est quand même mieux une pièce avec des fleurs.

Il est attentionné, nous a acheté une bouteille de vin, je refuse le verre qu'il me tend.

— Je préfère pas.

— Pourquoi ?

— Parce que je prends des antidépresseurs.

Je voulais qu'il le sache je crois. Putain fait chier, c'est vraiment un bon vin, qu'il dit.

Je ris, mon frère aussi. Il est mignon.

À la campagne ça commence à aller mieux, je me réveille pendant la nuit mais c'est parce que les bûches viennent de rendre leur dernière flamme et qu'on passe de dix-huit à neuf degrés dans le petit appartement.

Je passe trois jours à faire du feu, la vaisselle, regarder dans le vide, remettre une bûche, manger ce que je peux, poser du parquet avec mon frère, faire la vaisselle à nouveau. Et surtout dormir en journée, les médicaments me fracassent un peu.

Un soir alors qu'on mange une de ses soupes trop liquides, je lance un sujet maladroit, ma mère et ses cartons qui grignotent petit à petit la maison qu'il va bientôt falloir vendre, et il s'emballe. Je change de sujet et lui raconte aussi précisément que possible ce que j'ai et il affirme qu'il avait senti que c'était autre chose que de la fatigue, comme s'il avait connu ce que je traverse. Qu'il avait peur pour moi. Mon frère va se coucher, on reste tous les deux, comme des cons, prolongeant le moment sans savoir où il va.

— Au moins toi tu as de la chance, tu as des gens à qui parler… Moi j'en ai jamais eu.

On se lève de table. En quittant son baraquement qui sent le chien malade, je ne sais pas ce qui nous prend, on se regarde. En silence. Ça n'arrive jamais, un vrai regard, on est là tous les deux, mes yeux dans les siens, ou l'inverse. Et je me lance. Je lui fais une sorte de câlin viril et maladroit, sorte d'accolade amicale entre mafieux, chose qu'on n'a jamais faite non plus, quelque chose de nouveau mais qui se passe bien. Le bloc de granite est devenu molécule. Du minéral au vivant, je l'ai senti comme ça, la chaleur vivante de son dos que j'ai à peine osé caresser avec le creux de ma paume. Je sens que je récupère le flambeau, qui l'a brûlé trop longtemps, moi il m'éclairera. Inspire, inspire, mais apprends à expirer connard. Je serai comme toi, je ne peux pas lutter, mais j'en serai fier. Parce que je t'aime. Je vais juste apprendre à faire sortir. J'ai envie de lui dire. De lui dire Pardonne-moi d'essayer de te tuer depuis tout ce temps. J'espère que tu vivras le plus longtemps possible. En tout cas, tu vivras en moi.

Évidemment rien n'est sorti. Silence, on pivote et on regarde tous les deux droit devant nous, on regarde la lune. J'ouvre la porte, et juste avant de sortir il me dit, Bonne nuit fils, essoufflé comme jamais. Je lui réponds, Toi aussi papa.

REMERCIEMENTS

Béatrice pour la larme motivante à Montparnasse
Sara pour la précieuse aide
Toute la famille
Papa et maman pour la patience, l'amour et l'acceptation de mon travail bien bizarre
Paul et Paolin pour le sauvetage et le parrainage
Perlanaïs pour les sentiments
Paddy pour le soutien
La Vie pour l'initiation au frontal
Le Bonheur avec qui je veux partager mon quotidien encore et encore
Sianko pour les conseils
Augustin et Colombe pour l'aiguillage
Paloma pour le regard
Mme Delbos pour la poésie
Mme Vezinet pour le bac
Amélie, Sophie et Jean-Marc pour le bout de chemin
Emmanuel pour le petit stage
M&E pour la communication

PAPIER CERTIFIÉ

Composition réalisée par NORD COMPO

Achevé d'imprimer en août 2024 en France par
MAURY IMPRIMEUR – 45330 Malesherbes
Dépôt légal 1re publication : août 2024
N° d'impression : 279363
LIBRAIRIE GÉNÉRALE FRANÇAISE
21, rue du Montparnasse – 75298 Paris Cedex 06

36/8550/8